国际文学大奖得主

经典文库

VAN LOON GEOGRAPHY

房龙地理

下

（美）房龙 / 著　杨禾 / 编译

金盾出版社
JIN DUN CHU BAN SHE

内容提要

《房龙地理》是房龙的代表作之一。在书中，作者对于世界地理的讨论，不再局限于对地球自然特征的描述，书中既没有罗列枯燥的数字，也没有堆砌深奥的名词，而是将人作为中心，展开对人的生存命运的探究。本书既有与地球相关的科学知识，又包含着丰富的人类历史知识，作者将这两者完美结合起来，让人深陷其中。它是一部雅俗共赏，兼具知识性、趣味性并有浓厚的人文思想的通俗地理书，广受世界各地读者的喜爱。

图书在版编目（CIP）数据

房龙地理（下）／（美）房龙（Van Loon,H.W）著；杨禾编译 .—北京：金盾出版社，2014.2（2023.12重印）

ISBN 978-7-5082-8960-1

Ⅰ.①房… Ⅱ.①房…②杨… Ⅲ.①社会地理学—世界—通俗读物 Ⅳ.①C912.8-49

中国版本图书馆 CIP 数据核字（2013）第 261270 号

金盾出版社出版、总发行

北京太平路 5 号（地铁万寿路站往南）

邮政编码：100036 电话：68214039 83219215

传真：68276683 网址：www.jdcbs.cn

封面印刷：三河市玉星印刷装订厂

正文印刷：永清县晔盛亚胶印有限公司

装订：永清县晔盛亚胶印有限公司

各地新华书店经销

开本：787×1092 1/16 印张：12.5 字数：200 千字

2014 年 2 月第 1 版 2023 年 12 月第 3 次印刷

印数：1~8 000 册 定价：25.00 元

第二十四章　凡尔赛条约的产物——捷克斯洛伐克　001

第二十五章　凡尔赛条约的另一个产物——南斯拉夫　005

第二十六章　最正统的巴尔干国家——保加利亚　010

第二十七章　以石油和皇室闻名的国家——罗马尼亚　014

第二十八章　曾经的马扎尔游牧部落——匈牙利　017

第二十九章　“千湖之国”——芬兰　021

第 三 十 章　“东方日出之地”——亚细亚　023

第三十一章　亚洲对这个世界意味着什么?　027

第三十二章　亚洲的脊梁——中亚　029

第三十三章　“五海三洲之地”——西亚　035

第三十四章　“荒原上的游牧民族”——阿拉伯　048

第三十五章　世界人口第二大国——印度　052

第三十六章　缅甸、暹罗、马六甲　062

第三十七章　东亚大半岛——中国　068

第三十八章　朝鲜与蒙古　082

第三十九章　日本　086
第 四 十 章　“西太平洋明珠”——菲律宾　098
第四十一章　荷属东印度群岛——印度尼西亚　102
第四十二章　“南方大陆”——澳大利亚　108
第四十三章　“长白云之乡”——新西兰　116
第四十四章　安静宜人的快乐老家——太平洋群岛　120
第四十五章　“阳光灼热的地方”——非洲　123
第四十六章　最幸运的大陆——美洲　160
第四十七章　新世界　185
后 记　如何阅读这本书？让我告诉你　195

Van loon geography

房龙地理（下）

第二十四章

凡尔赛条约的产物——捷克斯洛伐克

对所有现代的斯拉夫国家来说，从经济的角度和它大部分城市总体的文化状态来看，捷克斯洛伐克是地理位置最好的一个国家，但是它却是一个人造的国家。世界大战中它从奥地利帝国走了出来，作为对它的奖赏，它得到了自治权。虽然现在它由三部分组成——波西米亚、摩拉维亚和斯洛伐克，但是很难说它是否能依靠自己生存下去。

首先，这个国家是个内陆国。其次，在捷克的天主教徒和斯洛伐克的新教徒之间几乎没有友爱可言，前者是讲德语的奥地利王国的一部分，一直跟世界其他地方有着直接的联系，但是后者在匈牙利统治者的严厉管制之下，发展水平从来没有到达小农国家之上。

摩拉维亚人的领地在波西米亚和斯洛伐克之间，整个捷克斯洛伐克共和国最富饶的农业地区就在这个国家内。这片土地从政治上来讲没有什么重要性，所以不会参与到无休止地争吵和战争中，无休止地争吵和战争使900万捷克人用以前匈牙利人曾经对待他们的方式来对待400万斯洛伐克人。而捷克人尊重

▲ 1928 年的捷克斯洛伐克行政区划图

捷克斯洛伐克是 1918 年 10 月 28 日 –1992 年 12 月 31 日存在的联邦制国家，在 1989 年发生的天鹅绒革命后，更名为捷克斯洛伐克联邦共和国。1992 年，捷克和斯洛伐克联邦共和国解体，并于 1993 年 1 月 1 日起成为捷克共和国及斯洛伐克共和国两个独立的国家。

少数民族的权利是最近才有的事。

谁想要研究民族问题最坏的部分可以参考中欧地区，这里的形势非常令人绝望。捷克斯洛伐克的情况还不像许多其他国家那么糟糕。捷克斯洛伐克由三群不同的斯拉夫人组成，这三群人彼此仇恨，当 300 万德国人来到这一地区后，问题变得更复杂了。这 300 万德国人是条顿移民的后代，这些条顿人在中世纪时期搬到波西米亚帮助开发埃尔茨山脉和博曼奥德地区丰富的矿产资源。

1526 年，哈普斯特家族夺走了波西米亚在中欧地区的所有地产，在接下来的 388 年里，波西米亚成为了匈牙利的殖民地，匈牙利给了它还不错的待遇。德国的学校、德国的大学、德国细致周到的秩序使捷克人成了斯拉夫血统中，唯一知道带着一些坚定目的去工作的人。但是没有哪个被征服的民族会，因为他们的统治者对他们好，而且偶尔会送给他们圣诞礼物就会喜欢他们的统治者。因为复仇是人类天生的本性，所以一旦捷克人获得了自由，他们在他们以前的统治者面前掀翻了桌子也就不足为奇了。捷克语成了国家的官方语言，德语仅仅成了一种方言。跟斯洛伐克的匈牙利人一样，捷克人的孩子从小接受的都是捷克人的文化，从爱国的观点来看，这种举措毫无疑问是很伟大的。但是以前出生的波西米亚的孩子掌握了德国的知识就至少能与一亿人沟通，而现在的孩子只能与几百万讲捷克语的人沟通，一旦他走出自己的国家就会很困惑，因为没有人会花费精力去学一门既没有商业价值也没有文学价值的语言。捷克政府是由比中欧政治家政治才能还要高的人组成的，他们逐渐鼓励发展以前那种讲两种语言的方式。但是他们要实现这一计划还要度过一段艰难的时期，因为语言学的教授不喜欢人们都讲世界性语言，这个主意就像蛊惑民心的政客也不喜欢看到所有党派联合的局面一样。

波西米亚不仅是古老的哈普斯堡君主国最富裕的农业区，还是一个高度工业化的省份，这里有煤有铁，还有举世闻名的制造复杂玻璃制品的能力。此外，勤劳的捷克农民还很擅长于家庭制造业（在田地里劳作了12个小时之后，他们在闲暇时间里还会做些事情）。因此波西米亚的纺织品、小块地毯和鞋子举世闻名。在原来的地区进口这些东西是免关税的——哈普斯堡的规则中少有的优

▲ 布拉格之城 油画

布拉格是捷克共和国的首都和最大的城市，地处欧洲大陆的中心，在交通上一向拥有重要地位，地理上恰好介于柏林与维也纳中间，有“千塔之城”、“金色城市”等美称，号称欧洲最美丽的城市之一。

惠政策之一，这是很实际的优势。现在这些地区分成了6个小公国，每一个小公国都设立了重重关卡，目的是摧毁其他同伴的商业。以前一辆装满了啤酒的卡车从比尔森到阜姆的途中不会因为海关检查或没有付关税而停在路上，现在要在6个关卡上频繁换车，必须付6次税，延误了好几周的时间到达目的地时，啤酒已经因为放置时间太久而变酸了。

从一些理想主义者的观点看来，实现自治对一些小国来说是一件很好的事情，但是当自治与地理位置和经济生活相冲突时就不见得是一件好事了。如果1932年时的人依然愿意按照1432年的模式去实现自己的想法，我们对此也无能为力了。

为了帮助那些打算去捷克斯洛伐克旅行的人，我补充说明一下，布拉格已经不再位于莫尔塔瓦河（这条河最终与易北河汇合）河畔了，现在它叫布拉哈，位于伏尔塔瓦。以前你去喝啤酒的地方叫比尔森，现在叫比尔逊（你依然去那里喝啤酒）。对于那些不想喝酒指向多吃点东西的人，你应该去的地方是卡罗维发利而不是卡尔斯巴德了。以前喜欢去马里安的人现在要去马里安斯克。如果你想乘火车从布鲁诺到普雷斯堡，你就必须寻找一列从布鲁诺到布拉边斯拉发的列车，否则你就得问一位布达佩斯统治斯洛伐克时期幸存下来的匈牙利人售票员，在你解释清楚其实你真正想到的地方是波兹索尼之前，他会给你白眼的。一切都言尽于此了，当然也有可能荷兰、瑞典和法国在我们这半球的殖民地持续的时间都没有它持续的时间长。

◀ 瓦茨拉夫广场

瓦茨拉夫广场是捷克共和国首都布拉格的主要广场之一，布拉格新城的商业和文化生活的中心。广场得名于波希米亚的主保圣人圣瓦茨拉夫。

Van loon geography

房龙地理（下）

第二十五章

凡尔赛条约的另一个产物——南斯拉夫

这个国家正式的名字是塞尔维亚、克罗地亚、斯洛文尼亚联合王国。在这三种种族群（部落听起来很像非洲土著人，如果这样叫他们可能会冒犯他们）中，塞尔维亚人是最重要的，他们生活在萨瓦河东部，首都贝尔格莱德就坐落在萨瓦河与多瑙河交汇的地方。克罗地亚人生活在德拉瓦河与亚得里亚海之间的中心地带，而德拉瓦河也是多瑙河的一条支流。而斯洛文尼亚人则占据了德拉瓦河、伊斯特拉半岛和克罗地亚之间一块小小的三角形地区。现在的塞尔维亚由很多其他的种族组成，它把黑山共和国并入了自己的国家，黑山共和国是个风景如画的山地国家，这个国家以其与土耳其之间400年的战争而著名，当我们和着《快乐的寡妇》这首华尔兹舞曲跳舞时，我们也会想起这个国家。塞尔维亚还吞并了奥地利帝国著名的剩余部分——波斯尼亚和黑塞哥维那省，这些地区原来是塞尔维亚的领地，后来被奥地利人从土耳其人手中夺走了，这是塞尔维亚和奥地利感情不和的原因，最终爆发了1914年的萨拉热窝谋杀事件，这件事之后立即（尽管事实不是这样）就爆发了世界大战。

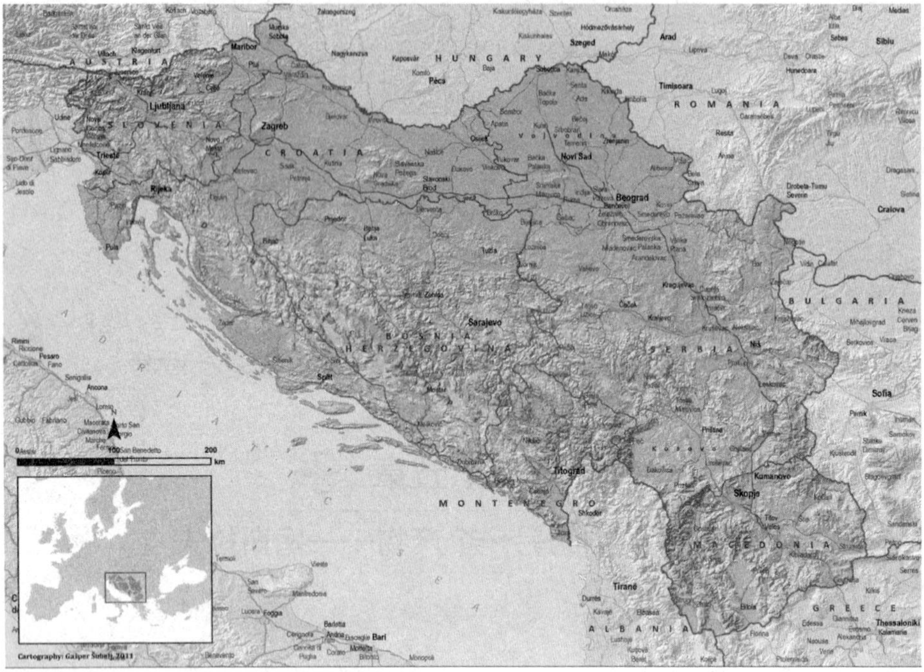

▲ 前南斯拉夫行政区划图

南斯拉夫，1929 年至 2003 年建立于南欧巴尔干半岛上的国家。

塞尔维亚（习惯的力量太大了，因此当我说塞尔维亚的时候，我指的是塞尔维亚、克罗地亚、斯洛文尼亚联合王国）实质上是个巴尔干国家，它在历史上曾有 500 年时间是穆斯林的奴隶。战争以后塞尔维亚在亚得里亚海有自己的出海口，但它与自己的出海口被境内的狄那里可阿尔卑斯山所阻隔了，即使可以在狄那里可阿尔卑斯山上修建铁路（这条铁路将会花费很多钱），但是可能除了拉古萨（现在叫杜布罗夫尼克）以外也没有其他便利的海港了。杜布罗夫尼克港是中世纪时期一个很大的殖民地商品的集散中心，发现了直接通往美洲和印度的航线以后，它是唯一一个拒绝接受挫败的地中海城市，并且继续派遣它声名远播的阿拉古西亚船队（从阿拉古西亚出发的船队）驶往卡利卡特和古巴，直到愚蠢地参加了一次命运悲惨的探险后这个舰队丧失了它的最后一支船队。

不幸的是，杜布罗夫尼克没有给现代的轮船提供什么便利之处。至于阜姆和里亚斯特（塞尔维亚的另外两个天然出海口），《凡尔赛条约》的制定者们

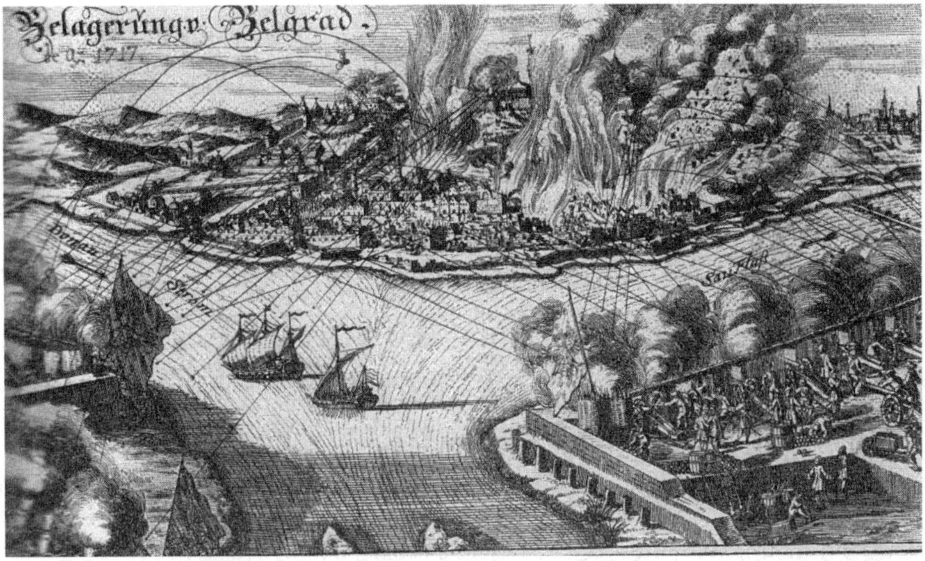

▲ 18世纪的塞尔维亚

贝尔格莱德是塞尔维亚的首都和最大的城市，位于塞尔维亚北部萨瓦河和多瑙河汇合处，也是仅次于伊斯坦布尔、雅典和布加勒斯特的巴尔干半岛第四大城市。

把其中的一个城市给了意大利，另外一个城市自己独立了，虽然他们并不需要这个港口，但他们要拿它与威尼斯竞争，因为威尼斯渴望重新得到古时候作为亚得里亚海主人的那种荣耀地位。结果现在阜姆和里亚斯特的码头上杂草丛生，而塞尔维亚还要同以往一样要依靠三条道路中的一条来往外输送它的农产品。一条是沿着多瑙河顺流而下直到黑海，这条道路是很实用的，就像纽约出口商品到伦敦取道伊利湖和圣劳伦斯河一样。另外一条路是沿多瑙河而上到维也纳，到那里后再翻越一座山到不莱梅、汉堡或鹿特丹，走这条路要花费很多钱。还有一条路就是用铁路把货物运到阜姆，当然，那里的意大利人会竭尽全力给他们的斯拉夫竞争者搞破坏的。

然而，从这一方面看来情况并没有任何改变，因为战争以前塞尔维亚就一直是奥地利帝国唆使下的闭关锁国的国家。悲哀地说，猪是这场严重灾难爆发的主要原因。塞尔维亚主要出口一种商品——猪，奥地利和匈牙利在猪身上收取了不可思议的重税，这样就摧毁了塞尔维亚可以获取利润的唯一一项贸易。已故的奥地利公爵仅仅是调动欧洲所有军事力量的借口，造成巴尔干东北角地区悲惨命运的根本原因还是在猪身上征收的重税。

说到猪，猪的主要饲料是橡子。在亚得里亚海、多瑙河和马其顿山脉之间的三角地带覆盖着茂密的橡树林，这就是为什么这片三角地带大量产猪的原因。如果不是罗马人和威尼斯人为了造船不负责任地在这些山上滥伐树木的话，现在这里的树林会更加茂盛。

除了猪以外，这个国家还有什么资源可以给它的1200万口居民提供衣食呢？这里还有些煤和铁，从这里用铁路把煤和铁运到德国任意一个港口的花费都太昂贵了，我在前面也说过了，塞尔维亚又没有属于自己的像样的港口。

战后，塞尔维亚得到了匈牙利大平原（即所谓的伏依伏丁那大平原）的一部分，这是一块很好的农业区。德拉瓦和萨瓦谷地可以给这个国家的人民提供充足的谷物和玉米，同瓦尔达尔河相连的摩拉瓦谷地是条理想的贸易通道，它

▲ 塞尔维亚人的艺术与科学学院大楼，建于1922年

▲ 塞尔维亚国会大厦和塞尔维亚邮局

通过爱琴海上的萨洛尼与北欧相连。它还是把尼什（这里是康斯坦丁的出生地，弗雷德里克·巴巴雷萨在他命运悲惨的圣地探险途中曾在这里被著名的塞尔维亚王子斯蒂芬款待过）与君士坦丁堡和小亚细亚连接起来的主要道路上的分支。

总而言之，塞尔维亚不会成为一个很有前途的工业国家，就像保加利亚一样，它仍将是一个比较繁荣的斯拉夫民族的农业国。如果把一个来自斯科普里或米特罗维察6英尺高的农民，跟一个来自曼彻斯特或谢菲尔德有伦敦东区口音的工人相比较的话，你就会怀疑，是否这样的命运完全没有得到改变。贝尔格莱德将永远是一个像奥斯陆和伯尔尼那样温和的小城镇，但是它想过要在面积上与伯明翰或芝加哥竞争吗？也许它想过。现代人的灵魂很奇怪，塞尔维亚的农民不是第一个为了好莱坞的预言家伪造的精神文明，而推翻了祖先明智的价值标准的人。

Van loon geography

房龙地理（下）

第二十六章

最正统的巴尔干国家——保加利亚

这是20个世纪以前从斯拉夫人大举入侵以后成长起来的小公国中最后一个国家。如果在世界大战中它没有站在错误一方的话，现在它在面积和人口数方面会变得更加重要。但是即使是在管理得最好的国家里，这种情况也会发生，祝下次好运吧。在巴尔干半岛上，“下一次”如果指的是战争的话，意味着就在从现在起的十几年或五六年内。我们总是倾向于带点蔑视地谈论这些巴尔干人，他们永远在不停地相互斗争。但是我们曾经意识到这些保加利亚或塞尔维亚的男孩会继承什么样的品质开始他们的人生之路？斗争、残忍、血腥、奴役、抢劫、强奸、纵火？

我们对保加利亚最早的居民一无所知。我们曾经找到过他们的骷髅，但是头骨又不会说话。他们可能跟神秘的阿尔巴尼亚人——希腊历史上的伊利雷斯安，长期遭受苦难的奥德修斯的同胞有些关系，这个神秘的种族讲的语言跟世界上任何其他人的语言都不相同。他们从有史时期起就居住在亚得里亚海岸边的狄那里可阿尔卑斯山中，他们现在组成了一个独立的国家，由本地部族的一个首领统治。维也纳的裁缝给这位首领提供了一套漂亮的新礼服，他穿着这套礼服在蒂拉诺举行了加冕礼后，立即就把自己变成了合法的君主。蒂拉诺是这个国家的新首都，这里有98%的文盲。或者这里是罗马尼亚人的祖国？罗马尼亚人也叫沃拉奇人，他们肯定已经遍布欧洲，因为威尔士、韦尔奇、和比利时的瓦隆萨人都知道他们的名字。我们最好把这个难题的解决方法留给哲学家，并且承认我们不知道。

当我们到了有史料记载的时代以后，这里发生了这么多无止境的侵略战争和灾难。我已经告诉过你，从乌拉尔山和里海之间的峡谷中有两条主要道路通往西方。一条是沿喀尔巴阡山往北到欧洲北部平原不能穿越的密林。另外一条路是沿着多瑙河经过伯尔尼山口把饥饿的野蛮人带到了意大利中部地区。罗马人对此都很了解，因此他们把巴尔干人作为他们抵御“外国下贱的人”的第一道防线（他们喜欢称呼他们看不起的野蛮人为外国下贱的人，最终他们却被这些人毁灭了）。因为缺少士兵，罗马人被迫逐渐撤回到他们的半岛上，巴尔干人终于可以掌握自己的命运了。当大迁移结束的时候，原来的保加利亚人没有留下一点痕迹。斯拉夫人把保加利亚人同化得如此彻底以至于古老的保加利亚语言中没有一个字母被流传下来，今天所谓的保加利亚人讲的是斯拉夫人的方言。

▲ 第一保加利亚帝国（公元680年–893年）首都普利斯卡遗址

普利斯卡是保加利亚三大古都之一，位于保加利亚东北部，建成于公元681年。

保加利亚共和国是欧洲东南部巴尔干半岛上的一个国家。它与罗马尼亚、塞尔维亚、马其顿、希腊和土耳其接壤，东部滨临黑海。

新征服者的位置很不稳固。南部，他们必须处理拜占庭人的问题；东部，是罗马帝国的残余部分。罗马只是个名义，实质上是希腊的组织结构和作用。北

◀ 索非亚国民议会大厦

索非亚是保加利亚的首都和第一大城市，是该国的政治、经济、文化中心，位于保加利亚中西部，地处四面环山的索非亚盆地南部。古称“塞迪卡”。

部和西部地区，他们一直受着来自匈牙利和阿尔巴尼亚人的突然袭击的威胁。其次是十字军穿过了他们的领地，这是一支由圣洁的人组成的并不圣洁的军队，他们在所有国家的权利都被剥夺了，他们准备用同样残暴的方式去掠夺土耳其或斯拉夫国家。最后是超级强国土耳其侵略的威胁，剩下的小国呼吁欧洲过来保护这些基督教王国共同的土地免受异教徒染指。当从博斯普鲁斯过来的逃亡者告诉他们穆斯林苏丹怎样骑着他的马踏进圣索非亚，亵渎了希腊教堂最神圣的圣坛时，突如其来的寂静传遍了这块土地。在恐慌之后，燃烧村庄的火光染红了的天空告诉这里的人们，土耳其的军队正在沿着被血浸泡了的马里查河谷一直向西推进。接下来是整整四个世纪土耳其人的残暴统治。最终，在上世纪初，出现了第一缕微弱的希望，塞尔维亚一个养猪的人发动了对政府的反叛运动并且使自己成为了国王。紧接着希腊和土耳其帝国之间的灭绝战争被一个英国诗人变成了欧洲的主要议题，这个诗人在传染病流行的梅吉朗吉昂村蹒跚地迎接死亡。在此之后是持续了100年的自由之战。让我们仁慈地评论我们的巴尔干朋友吧。他们是人类殉难悲剧中的重要演员。

在现代的巴尔干国家中，保加利亚是最重要的国家，这个国家由两部分最富饶的土地组成，这两块土地适合所有农作物种植，即巴尔干山脉与多瑙河之间的北部平原和南部位于巴尔干山脉和罗多彼山脉之间的菲利波波利平原。南部这条峡谷两边都有保护，享有温和的地中海气候，它靠布加斯港口出口货物，北部平原靠瓦尔纳运出它的大宗物资如谷物和玉米。

▲ 穿着民族装的保加利亚少女

这里的城镇很少，因为保加利亚人从本质上说都是农民。索菲亚是现在的首都，位于从南到北和从东到西两条古老贸易通道的交叉处，在将近四百年的时间里土耳其的长官都居住在这里，他们在斯特鲁马河边建筑了防御工事的宫殿里，统治着除了希腊和波斯尼亚以外的整个巴尔干半岛。

欧洲最终意识到了他们基督教同胞的困境，说到穆斯林侵略者的残暴，格拉德斯通的选民揭露了很多他们在保加利亚地区的暴行。最先付诸行动是俄罗斯，他们的军队两次翻越巴尔干山脉，如果世界要从奴隶制度进步到相对自由的社会，有一些战争是不可避免的，比如对希普卡要塞和普列文堡垒的战役。

这些斯拉夫援军的到来导致了1877年～1878年间的俄罗斯与土耳其之战，保加利亚变成了一个德国血统的君主统治下的独立王国。这就意味着那些聪明有耐心的保加利亚农民要得到有条顿民族纪律性的人的训练了，这跟保加利亚有巴尔干地区所有国家中最好的学校这一事实有很大关系。大地主完全消失了，保加利亚的农民跟丹麦和法国的农民一样都有自己的土地，文盲的比例急剧减少，每个人都有工作。这是一个由农民和伐木工组成的简单的国家，这是一个名副其实的忍耐力和能量的存储库，像塞尔维亚一样，他可能永远不能跟西欧的工业国家抗衡，但是当其他国家消逝以后它可能还会在这里。

Van loon geography

房龙地理（下）

第二十七章

以石油和皇室闻名的国家——罗马尼亚

▲ 坐落在登博维察河河畔的罗马尼亚首都布加勒斯特

罗马尼亚是东南欧面积最大的国家。首都布加勒斯特是该地区最大的金融中心。

对巴尔干地区的斯拉夫国家的描述已经讲完了。这里还有一个巴尔干国家我们没有人会忘记的，因为它总会频繁地以让人痛苦的新闻的形式出现在我们报纸的首页，这不是罗马尼亚农民的错。他们从出生到死亡都在他们的土地上辛勤地劳作着。这样的事实都是因为盎格拉－日耳曼王朝不可

布加勒斯特天空塔

布加勒斯特是罗马尼亚的首都及最大城市，位于东部瓦拉几亚平原中部，多瑙河支流登博维察河畔。1878年国家独立后，经济迅速发展。第一次世界大战后，成为一个重要的经济、政治和文化中心。

救药的粗野和难以言表的不良嗜好造成的。这个王朝在30年前才继霍恩佐罗斯一位正派的王子查理斯之后坐上了国王的宝座，这个国家是由俾斯麦和本杰明·迪斯雷利创建的。

1878年这两位绅士一起来到了柏林，他们在向他们的女神尽了自己应尽的职责后，决定把瓦拉几亚（瓦拉奇的土地）提升到公国的行列中。如果现在的统治家族曾经被说服而搬到了巴黎（这里的人不在乎有多少脏衣服要洗，只要用法国的肥皂洗就行）去的话，罗马尼亚现在可能会发展得更好。因为自然对这块位于喀尔巴阡山、特兰西瓦尼亚阿尔卑斯山和黑海之间的土地格外恩宠。它不仅可以转化成像俄罗斯、乌克兰那样富裕的大粮仓，而且在普洛耶什蒂市人们发现了欧洲最丰富的石油资源，这个城市坐落于特兰西瓦尼亚山和瓦拉几亚平原接壤的地方。

很不幸的是，多瑙河和普鲁特河之间的瓦拉几亚和萨拉比亚的土地都掌握在大地主手中，这些地主大部分都不住在当地，他们把他们的钱花在首都布加勒斯特或巴黎，但是从来不会把钱花在出劳力使他们富裕起来的那些人身上。

投资到石油上的资本通常都在外国人手上掌握着。西本伯根和特兰西瓦尼亚的铁矿资源也是如此，世界大战以后同盟国把这些巨大的山系从匈牙利手中夺过来送给了罗马尼亚，作为罗马尼亚在世界大战期间对同盟国服务（这些服务是值得怀疑的）的回报。而特兰西瓦尼亚最初是古罗马国达契亚省的一部分，然后在12世纪的时候变成了匈牙利的一部分，曾经匈牙利人对待特兰西瓦尼亚

▲ 罗马尼亚议会宫

地区的罗马尼亚人就像现在罗马尼亚人对待特兰西瓦尼亚地区的匈牙利少数民族一样。我们最好忘掉这些，这些无望而错综复杂的民族难题永远不会得到解决，除非有关民族主义的所有思想都从地球上消失。现在即使强迫，这里似乎也没有机会产生这样的奇迹。

根据最新数据表明，以前的罗马尼亚共和国有550万罗马尼亚人和50万吉普赛人、犹太人、保加利亚人、匈牙利人、亚美尼亚和希腊人。现在的罗马尼亚共和国，所谓的大罗马尼亚，有1700万人，73%是罗马尼亚人，11%是匈牙利人，4.8%是乌克兰人，4.3%是德国人，在比萨拉勃和布勒伊拉的俄罗斯人占3.3%，这两块地区在多瑙河三角洲南部的土地上。因为所有这些种族都不属于同一人种，所以他们彼此之间都很不喜欢对方，只是因为他们在一个和平会议上被人为的决定扔到了一起，这里很容易发生最大规模的内战，除非外国债权人为了节约他们的投资而出面调停。

俾斯麦曾经说过“整个巴尔干半岛不值得一个波美拉尼亚步兵为之捐躯”。他是最后一个德意志帝国的创建者——这个爱发牢骚的人在这件事上的感觉跟在许多其他事情上的感觉一样，可能是正确的。

Van loon geography

房龙地理（下）

第二十八章

曾经的马扎尔游牧部落——匈牙利

匈牙利人，或者说马扎尔人——他们更喜欢这样称呼自己，很为这样的事实而感到骄傲。他们是唯一留在欧洲土地上蒙古血统的人，他们建立了一个自己的国家。因为他们的远亲芬兰人，直到最近依然是别人国家中的一部分。可能匈牙利人在他们现在的苦难中过多地强调了他们的好战精神。但是没有人能够否认，作为抵御土耳其人进攻的堡垒，匈牙利为欧洲其他地区的人做出了巨大的贡献。罗马教皇也承认了这个起缓冲器作用的国家

▶ 圣冠是匈牙利的主要标志

匈牙利（Hungary），中国古称马扎尔，是一个位于欧洲中部的内陆国家，首都为布达佩斯。匈牙利资源贫乏，但山河秀美，建筑壮丽。一年四季受地中海式气候与大西洋暖流的影响，夏季凉爽，冬季温暖。

的价值，所以他把马扎尔人的族长斯蒂芬提拔成了匈牙利的宗徒国王。

当土耳其人在欧洲东部横行肆虐的时候，匈牙利人把他们阻挡在国界之外，他们是第一道防线，当匈牙利最终也被攻破了以后，波兰变成了第二道防线。在弗拉迪克血统谦逊的贵族约翰·亨亚迪领导之下，匈牙利变成了真正的少数几个信仰守卫者之一。但同样是这块两边是狄萨河和多瑙河的宽广的大平原，已经吸引了很多鞑靼骑手，他们决定永久居住在这里，这是很多内部斗争的根源。

一些强壮的人要在这片宽敞开阔的空间上统治他们的邻居是一件相对比较

▲ 中世纪时期的匈牙利首都布达佩斯

布达佩斯是匈牙利的首都和最大城市，也是该国主要的政治、商业、运输中心，是连接西欧和东欧的重要中继站。

容易的事。因为这里既没有山也没有海，这些可怜的农民能到哪去呢？匈牙利因此变成了一个大地主的国家，在远离政府中心的地方，那些大地主残暴地虐待他们的农民，很快这些农民就不再关心这些地主是土耳其人还是马扎尔人了。

当苏丹·苏莱曼于1526年向西进军的时候，匈牙利最后一任国王试图阻挡穆斯林的进攻时，甚至召集不够25000人，在莫哈奇大平原上，这支匈牙利军队被全部歼灭了，总数为25000人的部队中有24000人丧生。国王和他手下的大臣都被杀害了，100000多匈牙利人被拉到君士坦丁堡卖给了贩卖奴隶的小亚细亚商人。匈牙利的大部分地区都被土耳其人吞并了，其余部分被奥地利哈普斯堡家族占领，然后穆斯林和哈普斯堡家族之间为了这块不幸的土地展开了拉锯战，直到18世纪初匈牙利全部土地都变成了哈普斯堡家族的领土，这场拉锯战才宣告结束。

然后一场独立之战又拉开了帷幕，这场反对德国统治者的战争持续了整整两个世纪，匈牙利人不顾危险勇敢作战，最终获得了表面上的独立——他们承认奥地利的国王是他们的宗徒国王，他们获得了自治权利。

他们得到在他们看来本就属于自己的权利之后，就开始了一项对所有非马扎尔血统的人进行迫害的政策。这项政策是如此目光短浅、丧失理智以至于很快他们在世界上一个朋友也没有了。他们在凡尔赛会议期间认识到了这样的现实，因为在该会议期间匈牙利的人口总数从2100万锐减到了800万，它有3/4的国土都被送给了它那些受之无愧的邻居。

留给匈牙利的仅仅是昨日光辉的影子，一个跟奥地利很不相像的国家，一个没有任何腹地的大城市。匈牙利从来都不是一个工业国，那些大地主对难看的烟囱有偏见，而烟囱是所有管理良好的工厂不可或缺的一部分。因此匈牙利大平原仍然是农业区，现在匈牙利农业土地占地比例是所有国家中最高的。既然大部分土地一直被人民耕种着，这里的人民应该是相对比较富裕的，然而这里的大部分人还是很贫穷，以至于从1896年到1910年间，几乎有100万人迁移了出去。

至于古老王国中受支配的民族，马扎尔少数民族知道怎样能使他们不舒服，

▲ 格雷沙姆宫

▲ 沃伊达奇城堡

所以那些人也都乘船或乘火车来到这里帮助我们国家的发展。我们也许应该提及一下，在匈牙利发生的一种情况在其他所有国家都很少发生，那就是一小部分世袭的地主成为了地位最高的人。

在16世纪土耳其战争开始之前，匈牙利平原上人口聚集有500多万人口。土耳其人的统治使这里的人口数在不到两个世纪的时间里减少到了300万人。当奥地利人最终把土耳其人从普茨塔（这个平原的马扎尔族名字）赶走的时候，匈牙利人烟稀少，从欧洲中部来的移民赶到这里强占荒芜的农田。马扎尔贵族考虑到自己是这里占有统治地位的民族，也是一个善战的民族，所以他们没有赋予这些新来的人任何享有的权利。因此，这些占了总人口数将近一半的民族对他们后来的这个国家没有一点感情。

所以在世界大战期间由于人民内部缺乏对国家的忠诚，最终导致这个两重性的君主国土崩瓦解，就像被地震震撼的古老建筑物一样，你还会对为什么会出现这种状况而感到疑惑吗？

Van loon geography

房龙地理（下）

第二十九章

“千湖之国”——芬兰

欧洲只有一个国家还没有介绍了。由于现在土耳其在前欧洲的领土中只保留了君士坦丁堡和一小片色雷斯平原。因此我们最好之后再讲土耳其，但是芬兰是欧洲的一部分，这是事实。

芬兰人曾经遍布俄罗斯，但是数量更多的斯拉夫人将他们向北驱逐直至将他们赶到连接俄罗斯和斯堪的纳维亚的一块干燥的陆地上。他们从此在那里定居下来直至现在。少数生活在森林里的拉普兰人没有给迁移到了斯堪的纳维亚半岛拉普兰地区的芬兰人找麻烦，他们对欧洲文明敬而远之。

对于芬兰，它与欧洲的其他国家不同。好几万年以来，芬兰一直被冰川覆盖。冰川已经完全将原始的土壤刮走了，以至于现在

▶ 大约 1900 年的一个萨米人家庭

芬兰共和国的国名含义为湖沼之国，地势北高南低。内陆水域面积占全国面积的10%，有岛屿约17.9万个，湖泊约18.8万个，有“千湖之国”的美称。

◀ 芬兰首都最著名的遗址——岩石教堂

芬兰首都赫尔辛基素称“波罗的海明珠”，是一座花园般的现代化都市，街道宽阔，商业繁荣，现代建筑和中世纪建筑都具有浓郁的民族特色，市内众多的各种类型的博物馆吸引着各地游人。

仅剩10%的土地适合耕种。冰川的冰渍、石头和泥土被缓慢流动的冰河冲走填满了许多河谷。冰雪大消融的时候，这些河谷充满了水，这就是无尽的山间湖泊的来源，芬兰人散布在这些湖泊周围。然而山间湖泊这个词不应该让人们联想到芬兰是另一个瑞士。因为芬兰是一个地势较低的国家，很少有高度超过500英尺的地方。山间湖泊的数量大约是40000个，加上绵延在这些湖泊之间的沼泽地，面积占了这个国家总面积的30%。他们完全被很有价值的森林围绕着，这些森林占了总面积的62%或者说占了总面积的2/3。这些森林给世界很多地区提供了制造书籍和杂志所必须的纸浆，部分木材在当地就被加工制造成纸了。芬兰没有煤炭，但是芬兰有足够多水流，湍急的河流能够发展水能。但是这里的气候与瑞典气候不同，这些河流每年有五个月时间都会结冰，因此很显然，发电厂在这段时间无法工作。因此木材必须通过船舶运出。赫尔辛基（晚期战争以前都叫赫尔辛佛）不仅是政治首都还是芬兰木材的主要出口港。

但是在我完成这一章之前，我想让你们注意一项有趣的课题——教育将会怎样影响一个人。蒙古血统的人居住在连接斯堪的纳维亚和俄罗斯的花岗岩桥上，但是西面的一半，即所谓芬兰的那半，被瑞典征服了。同时东面那半成了俄国的领土，卡累利阿人居住在那里。经过瑞典人长达五个世纪的影响和统治，东部的芬兰人已成为一个文明的欧洲民族，在许多方面比拥有更好地利位置的很多国家都优越。但是经过同样长时间俄国统治的卡累利阿人，希望有一天能开采科拉半岛和摩尔曼斯克海岸的财富，当莫斯科沙皇第一次提出同样的想法时，他们已经在那里了。但是，在芬兰的人，直到1809年瑞典的这个行政区沦为俄国的区域时，才接触斯拉夫文化。这一地区的文盲率为1%，但是这些文盲中97%的人在卡累利阿，他们一直处于莫斯科人的影响下，这两个民族是相同且有天生能力拼写单词“猫”和“尾巴”的人。

Van loon geography

房龙地理（下）

第三十章

“东方日出之地”——亚细亚

2000年前，希腊地理学家们就在争论亚洲这个词最原始的意义，所以今天试图解决这个问题是没用的。单词“黑暗界”或者“黑暗”是小亚细亚的海员给西方土地（太阳从这里落下）的名字，“光辉的”是指太阳在那里升起的东方土地，这个理论看起来不比其他理论好或者糟糕。

然后让我们进入另一个要点，这个更重要。欧洲人是从什么时候怎样开始怀疑他们不是处在世界的中心的？他们的家园只是无穷大的土地上的一个小半岛，在这块巨大的陆地上居住着如此多的人口，他们中的很多人拥有更高程度的文明，当特洛伊的英雄们拿着史前时期样式的武器相互争斗时，智慧的中国人已经把这些过时的武器都当成古董放到他们的博物馆里很久了。

通常人们都认为马可·波罗是第一个到达亚洲的欧洲人，但是在他之前早已有人来到亚洲，尽管我们对他们知之甚少。就地理范畴而言，常常是战争而不是和平拓展了我们对于亚洲地图的认识。和外国人做生意的机会使希腊人熟悉了小亚细亚特洛伊战争也有其具有教育意义的一面。三支反对西方的大规模波斯远征

▲ 马可·波罗

队很好地促进了那里的发展。我怀疑这些波斯人是否知道他们将要去哪里。希腊人对于波斯人而言的意义真的比勃莱道将军进入荒漠攻击杜肯塞堡时西部的印度人的意义更重要吗？对此我真的很怀疑。几个世纪后，伟大的亚历山大的回访，不仅仅是一场军事战役，它的意义远比军事战役重要得多。欧洲人第一次对处于地中海和印度洋之间的领土有了科学的认识。

罗马人对国外的土地非常感兴趣。作为税收的一种来源，可以让他们在本国过上更为奢侈的生活，所有外部的国家对他们来说都有用。他们统治的这些人对他们而言其意义只是纳税，别无其他用处。这些人可以按照自己的意愿生活、死亡、与别人争吵，统治者不会干涉。他们甚至不愿意去了解身边发生了什么。如果出现了危机，他们就会叫来卫兵大开杀戒以重建秩序却拒绝对整件事情承担责任。

彼拉多既不是一个软弱的人，也不是一个恶棍，他只是一个典型的罗马殖民地的管理者。他在“规律性”方面保持着一个很好的纪录，他对在他治理范围内的事务一概不知，却得到国内人的高度赞扬。偶尔会有些古怪的人，比如马科斯·奥利里乌斯登上了王位，他会向神秘的、有着歪斜眼睛的人的远东地区，派遣外交代表团并从中得到乐趣。当这些代表团的人归来以后会讲述他们所见到奇事，这些故事够他们讲七天的，在这七天内他们都会被视为奇才。然后罗马的暴徒就会厌倦了他们，又回去看罗马圆形竞技场令人兴奋的每日表演。

十字军教给欧洲人一些关于小亚细亚、巴勒斯坦和埃及的事情，但是十字军所认识的世界只是延伸到死海东海岸的部分。

让欧洲人最终有亚洲意识的不是一系列科学远征，而是源于低俗文人的劳动成果。他从不着眼于他所描述的那个国家，而是只是为了寻求一个可能会流行的主题。

马可·波罗的父亲和叔父都是威尼斯商人，他们因为贸易往来而与成吉思汗的孙子忽必烈有交往。恰巧忽必烈是一个很聪慧的人，他想他的人民可能会从对西方的一些了解中获益。他听说两个威尼斯商人有时访问不拉哈，不拉哈是土耳其斯坦的一个地区，在阿尔泰山脚下，处于阿姆河和锡尔河中间。忽必烈就邀请这两位威尼斯商人去北京。他们来到了北京并且受到了很大礼遇。数年后，他们想要回家乡。可汗让他们暂时回家看看，然后他们将年轻、有前途的儿子和外甥——马可一起带回了北京，之前他们已经谈论了很多有关马可的事。

1275年，马可·波罗一家经过三年半的旅行后回到了北京。年轻的马可正如以前所说的一样，他成了北京宫廷中的宠儿。他做了一个省的管理者，获得了头衔和荣誉。但是24年后由于想家，马克途经印度（他是坐船经过的这里），波斯和叙利亚共和国返回威尼斯。

他的邻居对他讲的故事毫无兴趣，还戏称他为百万富翁马克。因为他总是告诉他们可汗是多么富有，在这个或者那个大殿里有多少金雕塑，重要大臣和妃子有多少柔软光滑的礼服。而在那时众所周知，就连君士坦丁堡君主的妻子也只有一双丝袜，这样一来他们又怎会相信马克讲述的奇闻漫谈呢？

▲ 马可·波罗回到威尼斯

如果不是因为那时威尼斯人和热那亚人发生一点小纷争，而作为威尼斯战舰长官的马可被胜利了的热那亚人作为囚犯带走，或许马克连同他的那些故事都一起被埋葬了。他与一个叫鲁思梯谦的比萨人在一间牢房了待了一年。鲁思梯谦是一个经验丰富的作家，他因为写了许多亚瑟王的传说和一些廉价的法国小说——中世纪时期一个叫尼克·卡特的随从的故事而很有名望。他很快就认识到了马可波罗故事的宣传价值。在监狱里的这段时间里，他了解了马可·波

▲ 好望角

好望角在非洲南非共和国的西南端，北距开普敦 48km，濒临大西洋，在开普半岛的尽头处，是南非最著名的旅游胜地之一。在苏伊士运河未开通以前，好望角是欧洲通往东方的海路必经之地，至今特大油轮若无法进入苏伊士运河，仍需绕行好望角。

罗知道的所有东西，将马可·波罗告诉他的事情都一一记录了下来。他为世界写出了一本书，这本书到现在仍像当时在 14 世纪第一次出版时一样被广泛的阅读着。

这本书之所以会如此成功是因为这本书自始至终都在谈论各种各样的黄金和财富。罗马人和希腊人曾经模糊地描述过东方统治者的富裕，而马可·波罗却亲身经历了、亲眼看到了这些东西。从那时起，人们开始努力寻找通往印度的捷径，但是这却是一个困难而艰巨的任务。

最终在 1498 年，葡萄牙人到达了好望角。10 年后他们到达了印度，40 年后到达日本。同时，从东方来的麦哲伦到达了菲律宾群岛，从那时起，开发南亚的运动全面开始了。

大致轮廓就讲这么多了，我已经讲述了西伯利亚是怎样被发现的。当我们提到第一批到达其他国家的人时，应该给他们很高的荣誉。

Van loon geography

房龙地理（下）

第三十一章

亚洲对这个世界意味着什么?

欧洲带给我们文明，但是亚洲给了我们信仰。更有趣的是，亚洲是世界三大宗教的发源地，而现在这三种宗教影响了全人类。犹太教、基督教和伊斯兰教都发源于亚洲。它导致一种很奇妙现象的出现，当审讯者焚烧犹太教徒时，行刑者和受害者都向亚洲的女神祷告。当十字军杀戮伊斯兰教教徒时也一样，这是两大亚洲信条的冲突，信条的冲突使他们互相残杀。基督教的传教士与孔子的追随者发生争执时，这也仅仅是一场亚洲文化的相互交流。

亚洲不仅仅给了我们宗教信仰。它还给了我们一些基本原则，我们文明的整个框架就是基于这些基本原则基础之上的。出于我们对近代科技发明的骄傲，我们或许会吹嘘“我们巨大的西方进步”（我们偶尔会），但是自夸西方的进步只是在东方开始的进步的延续。如果没有从东方学校学习所有东西基本原理的话，西方能做成什么很值得怀疑。

希腊人的智慧不是灵感突现的结果。数学、天文学、建筑学还有医药学不像雅典娜那样，是从宇宙之神宙斯的头脑中而生，从头到脚的武装起来准备和人类的愚昧进行一场光荣的战斗。这些知识是逐渐的，费力的，一点一滴积累起来的，真正的开创性的工作是在幼发拉底河和底格里斯河沿岸进行的。

艺术和科学从巴比伦传到非洲。在那里黑皮肤的埃及人掌握着这些艺术和科学，直到最终希腊人在文明上达到了足够高的程度，可以欣赏几何学的美丽与完全的平衡方程式的可爱。从那一刻起，我们才谈到真正的欧洲科学，但是这些真正的欧洲科学有一个生活和发展在2000多年前的亚洲祖先。

亚洲还给予了我们更多的东西。狗、猫、有用的四足动物、温顺的牛、忠实的马，还有羊、猪，都是源自亚洲。当我们想起这些有用的动物在蒸汽机发明之前年代里所扮演的角色，我们便会意识到我们欠亚洲的债太多了。这些在菜谱上更能体现出来，几乎我们所有的水果和蔬菜还有家禽肉，大部分的花儿都是由希腊人，罗马人和十字军从亚洲带到欧洲的。

然而亚洲并不总是一位把富裕恩赐给从恒河和黄河岸带给西方贫穷野蛮人的女慈善家。亚洲还是一位恐怖的工头，生活在5世纪蹂躏了中欧的匈奴人来自亚洲。继匈奴人之后7个世纪，来自中亚不毛之地的鞑靼人将俄罗斯变成亚洲的附属国，长期损害了欧洲其他所有的国家。土耳其人在长达5个世纪的时间里引起那么多虐杀和灾难，将东欧变成了现在这个样子，他们也是亚洲的部落。

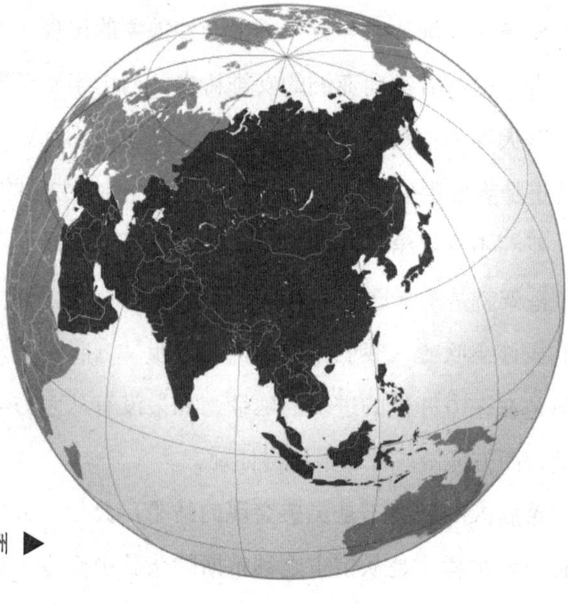

地球仪上的亚洲

Van loon geography

房龙地理（下）

第三十二章

亚洲的脊梁——中亚

亚洲这块1700万平方英里的土地被分成了不平均的5份。

首先，最靠近北极的地区有一块大平原，而这块大平原我已经在讲俄罗斯的时候提到过了。其次是中部高地，然后是西南高原，接着是南部半岛，最后是东部半岛。我已经描述过了北极区大平原，现在我马上开始讲这5块中的第二部分。

中亚高地的开端部分是一系列低矮的山系，这些小山以几乎是平行线的走向从东到西或从东南到西北排列，但是绝对没有从北到南走向的。在许多地方，地球的表层都被火山大爆发打破、弯曲、折叠、磨损。于是我们就得到了下列轮廓很不规则的山脉：贝尔加湖东边的雅不洛洛夫山脉，贝尔加湖西边的杭爱山和阿尔泰山，巴尔喀什克湖东边的天山。这些山脉的西部是平原。东部是蒙古高原，戈壁沙漠就在蒙古高原上，戈壁沙漠是成吉思汗的家乡。

戈壁沙漠西部是地势稍低点的东土耳其斯坦高原，这个高原是帕米尔河的谷地，帕米尔河散漫地流进附近的罗布泊湖中，瑞典旅行者斯文·赫丁发现了这个湖，这个湖从此声名大振。在地图上看来帕米尔就像沙漠中的一条小溪，实际上它的长度是莱茵河的 1.5 倍。请记住，亚洲是所占比例很大的地区。

土库曼斯坦北部，阿尔泰山脉和天山山脉中间有一条大峡谷，这块土地一直延伸到吉尔吉斯大草原。这条大峡谷就是一道大门，所有的沙漠部族包括汉人、鞑靼人、土耳其人从这里开始了他们对欧洲的劫掠之旅。

塔里木盆地的南部，确切的说是西南部，地形变得及其复杂，塔里木盆地和克里苏斯峡谷或阿姆河（最后流入咸海）之间被帕米尔高原隔断了。希腊人已经知道在帕米尔山上有一条路可以直接从小亚细亚和美索不达米亚到达中国。这里有很多障碍，但是也有很多山口可以通过这些障碍。这些山口的平均高度在 15000 英尺和 16000 英尺之间。想一下吧，雷尼尔山也才 14000 英尺高，勃朗峰的高度为 15000 多英尺高。然后你就会了解到，这片山地上山口的海拔比美洲和欧洲最高峰的海拔还要高。因此美洲和欧洲的这些山与我们从地球褶皱地方取来的任何高处比都要相形见绌。

帕米尔高原仅仅是个开端，它是大山系向各个方向延伸出来的终端部分。有天山山系，我前面提到过的，向北延伸；有昆仑山系，它把西藏和塔里木盆地分割开了。有喀喇昆仑山，虽然很短但是非常陡峭；最后是喜马拉雅山，这座山的南部把西藏和印度分隔开了，它破了“海拔最高”的纪录，海拔超过 29000 英尺或者说 5.5 英里，珠穆朗玛峰和干城章嘉峰都达到了这个高度。

至于西藏高原，它的平均高度是 15000 英尺，它确实是全世界最高的地区。南美的玻利维亚高原高度在 11000 英尺和 13000 英尺之间，但是这里是无人居住区，而西藏的占地面积是俄罗斯的 2/5，人口数接近 200 万。

这也显示了人类身体能适应多么极端的气压。几个美国人想在墨西哥首都度过几天的时间，当他们翻越里奥格兰德山的时候他们体验到了这种不舒服的感受，而此时他们所处的海拔不过才是 7400 英尺，他们之前已经得到警告不要像在家里那样匆忙，无论何时只要他们走了半条街那么长的距离时就要慢慢地平静下来，直到他们的心脏不再像用大锤敲着那样急促地跳动。而西藏人不仅每天要走 100 条街道那么长的距离，还要在背上扛着他们所需要的东西穿过很多个山口，往往这些山口陡的连骡子和马都不能通过，这却是他们与外界联系

▶ 布达拉宫

布达拉宫屹立在西藏首府拉萨市区西北的红山上，是一座规模宏大的宫堡式建筑群，建于公元七世纪中叶。它是西藏地区现存最大、最完整的宫堡式建筑群，是地球上海拔最高的大型古代宫殿。

唯一的通道。

西藏一年至少六个月的时间地上都有积雪，温度常常会达到零下30摄氏度以下。高原上还有可怕的风暴，这里的尘土、风雪，不舒适的生活使这里变成了奇怪的宗教实验的故乡。

在7世纪时，西藏仅仅是一个跟亚洲其他国家一样的公国，由一个住在拉萨（上帝之城）的皇帝统治。其中的一个皇帝由他的汉人妻子影响而皈依了佛教。从那一天起，佛教在西藏空前繁荣，这种情况是亚洲其他地方所没有的。拉萨对佛教徒的意义正如罗马对天主教徒的意义或麦加对穆斯林的意义——是圣地中的圣地。

西藏曾是佛教的一个堡垒，它保护这一地区免受从西方来的穆斯林和从印度北部来的异教徒的攻击。佛教未中断过的发展可能有一部分原因是因为一种卓越的安排，这种安排是宗庙提供的几乎是自动使佛教继承者延续下去的制度。

佛教徒相信灵魂是轮回的，乔达摩死后他的灵魂肯定会在世界某个地方再出现，因此需要找到附有他灵魂的这个人并使他成为所有信徒的首领。你知道，基督教不如佛教历史悠久，因此基督教有很多思想和制度都与它这个年老的邻居和对手有着相同之处。虔诚的佛教徒在浸礼会教徒约翰归隐荒原很久以前就习惯性地回避罪恶和肉。佛教的僧侣在圣西米恩爬上尼罗河谷地的山顶之前很久就过着禁欲、清贫、淳朴的生活。他们也起着很重要的政治作用。忽必烈（成吉思汗的孙子）在当政期间皈依了佛教，他指定西藏一个很重要寺院的主持做了整个西藏的政治首领。为了回报这种厚爱，达赖喇嘛，这个佛教世界中的精神领袖正式册封了蒙古的鞑靼汗君主，正如教皇科奥三世册封查理曼大帝一样。为了使尊贵的喇嘛（或者说优秀的精神领袖）出现在同一个家庭中，第一个喇嘛打破了禁欲的规矩结了婚，并且有了一个儿子来接替他的位置，但是在14世纪时期，西藏的僧侣中出现了一个改革者——佛教中的马丁·路德式的人物，他死后，以前那种严格的寺院制度又重新在所有人的头脑中建立起来了。达赖喇嘛和“喇嘛如海”的思想又重新在精神上指引着世界上1/4的人。班禅喇嘛或者称“光荣的教师”会协助喇嘛做他的工作，班禅喇嘛的作用类似于副教皇。继承制度就是那时候开始的，并且从未被改变过。

▲ 一世达赖

达赖喇嘛·根敦珠巴（1391—1474）藏传佛教格鲁派大活佛，第一世达赖喇嘛。

当达赖喇嘛和班禅喇嘛中的一个去世以后，活着的那个就会列出一个名单，名单上都是喇嘛刚刚去世之后就在西藏出生的男婴。因为死去的那个人的灵魂肯定在这其中一个男婴的身上存活了。经过长期的祷告之后，会有三个名字被选中，这些名字会写在几张小纸条上放进金色的匣子里（这个匣子是几个世纪以前中国的一位皇帝特赐的），然后西藏所有大寺院的主持都齐集在达赖喇嘛的大殿中，全国有3000多个这样的寺院，但是这其中只有少数规模足够大的寺院才有资格派代表来到达赖喇嘛的大殿。再经过一周的斋戒和祈祷之后他们会从金色匣子里取出一个名字来，叫这个名字的孩子就是佛的化身，他就会被交给僧侣们为他以后的任务做准备。

把西藏与它南边的邻居隔开的那座山峰把西藏保护得很好，以至于直到几年前都没有外国人在700多年的时间里曾踏上这片活佛的神圣土地。这座山峰在公共刊物上很常见，所以对很多人来说它比佛蒙特山更为知名。在我们这个喜欢纪录的年代，人们对这最后一座仍然未被攀越的山峰投去了嫉妒的眼光。珠穆朗玛峰是以一个工程师上校的名字命名的，这位工程师上校在上个世纪中期为英国做地理勘测的时候把喜马拉雅山的这一部分画入了地图中，它的高度为 29000 英尺。它拒绝了所有试图到达顶峰的人。最近的一次珠穆朗玛峰探险之行是在 1924 年，这次他们攀登到了离顶峰只有几百码的地方，两个人自告奋勇去爬完最后一段路程，他们带上氧气瓶与其他队员道了别，最后一次看见他们时，他们在离顶峰 600 英尺的地方，从那以后就再也没有看见他们，珠穆朗玛峰依然没有被征服。

对有抱负的登山者来说这是一块理想的地方。这里处在亚洲中心，位于面积庞大的国家之中。瑞士阿尔卑斯山脉与这座山比起来就像男孩和女孩在海边玩耍堆起来的小沙堆。首先，这些有永久性积雪的山峰，就像印度人所说的那样，几乎是阿尔卑斯山脉的两倍宽，覆盖面积是阿尔卑斯山脉的 13 倍。有些冰山是瑞士最重要的冰山的 4 倍长。这里有 40 座山峰的高度超过了 22000 英尺，有些山口的高度是阿尔卑斯山的两倍。

像所有其他从西班牙延伸到荷兰的地质褶皱一样，喜马拉雅山相对出现的较晚（甚至比阿尔卑斯山脉还要年轻），它的年龄只有几百万年而不是几亿年。要花费很多日晒雨淋才能毁灭这座山，把它夷为平地。自然的力量对岩石的形成可不太友好，它正忙于摧毁这些山。喜马拉雅山已经被几十条小溪和河流造成的深深的大峡谷分割成了不规则的好几块。印度河、恒河、雅鲁藏布江是印度最重要的三条河流，这三条河流也欢快地加入了瓦解喜马拉雅山的工作中。

从政治上来说，长度为 1500 英里的喜马拉雅山比其它山脉有了更为多样化的壮观景象。它不仅仅与阿尔卑斯山和比利牛斯山一样是两个毗邻国家的自然边界，而且它们是如此宽阔能够把许多独立的国家都塞进了山中。比如说尼泊尔，著名的廓尔喀族的家乡，保持了一定程度的独立，面积是瑞士共和国的 4 倍，有

▲ 尼泊尔乡村风景

将近600万人口。其他的比如说，克什米尔（我们的祖母从这里得到她们的披肩，英国人从这里招募到了著名的锡克族军团）现在属英国管理的一部分，面积有85000平方英里，人口超过300万。

最后，如果你再看一下地图的话，就会发现有关两条大河（印度河和雅鲁藏布江）的奇怪的情况。莱茵河从阿尔卑斯山上流下来，密苏里河从落基山上流下来的，而印度河和雅鲁藏布江却不是从喜马拉雅山上流下来的。相反，这两条河都发源于喜马拉雅山山系的后面，印度河的源头在喜马拉雅山和喀喇昆仑山之间，雅鲁藏布江先是在西藏高原上由西向东流，然后一个急转弯进行了一小段从东到西的流向后与恒河汇合了。恒河从喜马拉雅山和德干高原之间宽阔峡谷的中心地带流过。德干高原在印度半岛的中间位置。

当然，流水有很强的侵蚀作用，如果是在有了喜马拉雅山之后才有的这两条河流的话，这两条河流似乎不可能穿过喜马拉雅山为自己开辟一条道路。因此我们就得出这样的结论：这两条河一定比喜马拉雅山的历史更为悠久。印度河和雅鲁藏布江在地壳运动之前就已经在这里了，地壳运动慢慢地产生这些巨大的褶皱，这些褶皱变成了现代世界里的高山。这些山生长的太慢了（时间毕竟只是人类的发明，而永恒是无限的），这些河流借助自己的侵蚀力留在了地球表面。我们只能这么说了。

地理学家说，即使是现在喜马拉雅山还在不停地增长，既然我们生活于其上，薄薄的地壳也能像我们的皮肤一样可以紧缩和扩展，那些地理学家说的话可能是对的。我们都知道这样一个事实：瑞士的阿尔卑斯山正在慢慢地从东向西移动。喜马拉雅山和南美的安第斯山一样可能正在上升。大自然的实验室里有一条真理对所有的创造都适用——万物都是持续改变的，不遵循这条法则所得到的惩罚就是灭亡。

Van loon geography

房龙地理（下）

第三十三章

“五海三洲之地”——西亚

在一条宽阔的山脉中间从帕米尔高原起，除了一系列高原没有其它什么了。这些高原向西延伸直到黑海和爱琴海。

我们对所有这些高原的名字都很熟悉，因为他们在人类进步的历史中发挥过最重要的作用。我可能要稍微跑一点题说一下它们所起的最重要的作用，如果现在我们所有的人类学推论都是正确的话，位于印度河和地中海东海岸之间的这些高地和峡谷就是我们唯一的摇篮，人类就从这里产生，而我们正好属于这其中的一员。这里还扮演了一种语言学校的角色，我们在这里学到了科学的基本原理和道德信条最早的原则。我们学到的这些最终把人类和世界上其他的动物区分开了。

按照它们连续的顺序，这些高地中第一个是伊朗高原，这是一片广阔的盐碱荒地，高度大约为3000英尺，完全被周围的高山包围，北部与里海和德黑兰沙漠接界，南部到达波斯湾和阿拉伯海，这里没有足够的雨水，连一条叫得上名字的河流都没有。基尔塔山把俾路支和印度分割开了，从1887年起，这里变成了英国的领地，这里有一些不起眼的小溪最终流入了印度河。亚历山大的大部分军队从印度返回的路上渴死在这里的沙漠中，从此以后人们对这里的沙漠很恐惧。

阿富汗在几年前落入一个统治者手中时曾经很引人注目。这个统治者试图靠勇敢的穿越欧洲的旅行来宣传他自己和他的国家。这个国家里有一条河流叫赫尔曼德河，发源于兴都库什山——从帕米尔高原向南延伸出来的一座高山，这座山止于波斯和阿富汗交界处的锡斯坦湖。阿富汗比俾路支的气候要好得多，在很多方面也更为重要一些。印度、亚洲北部和欧洲之间最原始的商业道路穿过这个国家的中心地区。这条商业道路从西北边界一个省份的省会——白沙瓦出发至阿富汗的首都喀布尔，经过著名的开伯尔山口，穿过阿富汗高原直至到达西部的赫拉特。

大约在 50 年前，俄罗斯和英国开始为争夺这个可以起缓冲器作用的国家的最终控制权而战。恰好阿富汗的人民都是非常骁勇善战的人，因此从南到北的和平渗透必须更加小心谨慎的进行。第一次灾难的阿富汗战争从 1838 年持续到 1842 年，当少数几个返回的英国人讲述其他的人怎样被阿富汗的人屠杀了的情景现在仍然令人不能忘怀，而他那些英国同胞被杀是因为他们试图强迫不情愿的阿富汗人民接受一个不得人心的统治者。从此以后，英国人小心地通过喀布尔山口前进。俄罗斯于 1873 年占据了基发，并且继续向塔什干和撒马尔罕进军。英国人为了不在某一天早上醒来发现沙皇的军队在苏莱曼山的那一边做射击演练他们也被迫做了一些活

▲ 阿富汗自然风光

阿富汗伊斯兰共和国，简称阿富汗，是一个位于亚洲中西部的内陆国家，坐落在亚洲的心脏地区。是当今世界上最贫穷的国家之一。

动。伦敦王室的代表和圣彼得堡王室的代表向彼此保证他们的政府对阿富汗的目的是绝对无私的，完全出于高尚的令人称颂的本性。两国的工程师开始制定详细的计划帮助可怜的阿富汗人民——“他们与海的直接通道被残忍的自然给隔开了”，他们修建了一条铁路系统，以使落后的阿富汗人民能直接接受到西方文明的洗礼。

不幸的是，世界大战阻扰了这些工程的实施。俄罗斯人远离赫拉特，现在你可以乘火车经过土库曼苏维埃社会主义共和国内的梅尔夫到里海，然后可以乘船到巴库和西欧。另一条路是从梅尔夫经过布哈拉到达乌兹别克斯坦共和国的浩罕，从这里再到巴尔赫。巴尔赫现在是个三等的村庄，坐落在宏伟的巴克特里亚古城的废墟当中，巴克特里亚在3000年前的重要性就跟今天的巴黎一样。它是佐罗斯特发起的宗教道德运动最初的中心。佐罗斯特不仅征服了巴黎而且深入到了地中海地区。被改良过的宗教在罗马很受欢迎，在很长一段时间内，它都是基督教的主要竞争对手。

与此同时，英国把他们的铁路从海德拉巴修到了俾路支的基达，然后从这里到坎大哈。1880年英国人在坎大哈为他们与阿富汗第一次交战的惨败报了仇。

▲ 古代阿富汗战士

伊朗高原还有另外一部分值得我们注意。现在它只剩下了以前的光辉的影子，但是这里曾经是一块非常有趣的土地，当波斯占据这块大地的时候，它在绘画和文学方面达到了顶峰。第一个光辉的阶段是在基督出生前6个世纪，当时波斯是从马其顿到印度这个庞大帝国的中心，这个帝国最终被亚历山大大帝毁灭了。500年以后，在萨珊王朝的统治下，波斯人又恢复了薛西斯和冈比西斯时期的疆界。他们又恢复了佐罗斯特以前那种纯正的信仰，还把以前受人崇敬的文学作品收集成册。这就是著名的《亚吠陀》，它使伊斯法罕的玫瑰在沙漠中绽放。

7世纪早期，阿拉伯征服了波斯，穆罕默德征服了佐罗斯特。如果这是真实的话，人们应该可以从这个国家的文学作品中了解这个国家。来自尼沙普尔一位帐篷制造商的儿子奥马尔的作品中证实，在库尔德斯坦和呼罗珊之间的沙漠地带曾有过一度的繁荣。一位数学教授从他研究代数学和四行诗的时间中分割出时间来享受令人愉悦的爱情和古老的红酒，如果不是在既明智又成熟的文明中的话，这种情况是很少发生的，其他形式的文明是不会容忍他这样的人出现在神圣的教育学的殿堂之中的。

◀伊朗首都德黑兰

伊朗首都德黑兰，位于伊朗中部偏北，坐落在辽阔的伊朗高原北缘的厄尔布尔士山脉南麓。德黑兰一年四季鲜花盛开，尤其是波斯人喜爱的玫瑰花，遍地都是。

波斯是伊朗在欧洲的古希腊语和拉丁语的旧称译音，是伊朗历史的一部分。

今天，人们对于波斯的兴趣只是出于平庸的本性——这个国家有石油。在一个太虚弱而不能保卫自己的利益的国家来说这是最坏的事。从理论上来说，任何地方的本地人都应该是这些藏在祖宗传下来的坟地底下的宝藏的主要受益者。实际上，事情完全不是这样的，苏丹几个远在德黑兰的朋友从得到的特许权上慢慢变富了，而住在油井附近的几千口人只能偶尔在被雇佣的时候得到一点微薄的工资。而其他的利润都到了以为波斯只是一小块地毯名字的外国投资者手里。

不幸的是，波斯似乎是那些总是贫穷和管理混乱国家中的一个。它的地理位置与其说是神的恩赐不如说是神的诅咒。它是一个沙漠，但是如果一个沙漠置身于主要交通道路上的话，这个沙漠就变成了连接世界两个最重要地方的大陆桥的一部分，然后这个沙漠就会变成一个永远的战场和利益相互争夺的一块

▲ 亚美尼亚北方亚拉拉特山的13世纪修道院

骨头。我所说的有关波斯的这些情况也同样适用于亚洲西部整个地区。

在这一系列高原中最后一块从帕米尔高原延伸到地中海的是亚美尼亚和小亚细亚。亚美尼亚是伊朗高原在西部的延伸，这是一块非常古老的土地，古老在它由火山产生的土壤的形成，古老在它受苦受难的人民。它又是一个有桥梁作用的国家。无论谁想要从欧洲到印度去都要经过库尔德斯坦山的山谷。所有时期在那些旅行者中都有一些臭名昭著、残酷无情的人。它的历史可以追溯到大洪水时期。它位于阿勒山的山顶，而阿勒山是这一地区的最高峰，它的高度在海平面以上17000英尺，大约比埃里温平原高10000英尺。当陆地上的洪水开始后退的时候，诺亚方舟就在阿勒山上着陆的。这一点我们都很确定，因为比利时的医生约翰·曼德维尔爵士于14世纪初游览这一地区时在山顶附近发现了诺亚方舟残存的部分。亚美尼亚人属于地中海种族群，因此他们是我们的近亲。但是何时亚美尼亚人搬进了这些山中，至今还不确定。按照现在这样的灭绝速率，这里很快就一个人都没有了。在1895年至1896年的一年中，土耳其人变成了亚美尼亚高原的统治者，谋杀了十几万亚美尼亚人，对亚美尼亚人来说，土耳其人还不是他们最大的敌人，因为土耳其人的凶残不到库尔德人的一半。

亚美尼亚人一直是虔诚的基督教信徒，他们比罗马人接受基督教要早得多，他们的教堂里保留着很多惯例，例如神父是世袭的。因此他们在西方所有天主教徒的眼中是最可憎的一个组织。所以当穆斯林库尔德人大肆屠杀亚美尼亚人并且窃取他们的土地时，欧洲袖手旁观。

然后爆发了世界大战，同盟国为了从后门进入土耳其缓解英国在美索不达米亚的压力，他们踏平了这片区域。像凡城湖和乌尔米亚湖这些名字，虽然它们也属于最大的山间湖泊的行列但在以前人们从未听说过，现在却突然出现在每天的新闻中。埃尔斯伦，古老拜占庭帝国的一个亚洲边界小镇，比它在十字军时期受到的关注更多。

战争结束的时候，由于一点让人吃惊的小小的起因，亚美尼亚人得到允许可以建立阿塞拜疆和亚美尼亚共和国。而这点起因就是亚美尼亚人祈祷所有折磨过他们的人都染上瘟疫，还有亚美尼亚人加入了苏维埃联盟。他们的疆土在黑海和里海之间，高加索山脚下。但是这片疆土在19世纪上半叶被俄罗斯并入了自己的领土。

我们把眼光从长期受土耳其盛怒之苦的受害者那里转到土耳其这里，再向西走一下，进入小亚细亚高原。

小亚细亚曾经只是古老苏丹帝国的一个省，现在成了土耳其统治世界的美梦留下来的废墟。它的北部边界到达黑海，西部是把它与欧洲分割开的马尔莫拉海、博斯普鲁斯海峡和达达尼尔海峡。南部到达地中海，中部被托罗斯山脉分割开了。这片区域比伊朗、波斯或亚美尼亚的地势低很多。这里有一条著名的铁路——即巴格达铁路。这条铁路在过去30年的历史中扮演了很重要的角色。英国和德国都想获得这条铁路的特许权，因为这条铁路连接了君士坦丁堡和幼发拉底河在亚洲西岸的大海港巴格达还有叙利亚的大马士革以及阿拉伯的圣城——麦加。

德国和英国刚刚达成妥协以后法国就要求在将来的收益中分成。法国因此考虑到，应该使位于小亚细亚北部的特拉布松，也就是亚美尼亚和波斯的出口港与西方的交通更方便。外国的工程师开始在这片古老的土地上勘测道路。之所以说这里古老，是因为雅典移民的希腊哲学家曾经在这片土地上第一次思索人类和宇宙的本质。肃穆的教堂理事会在这里给了世界人民铁一般坚定的信仰，欧洲人民依靠这些信仰生活了1000多年。塔尔苏斯的保罗曾经就在这里出生并在这里讲道：土耳其人和基督教徒曾在这里为地中海世界的最高权力而战。就在这里一个废弃的沙漠村庄中一个阿拉伯赶骆驼的人（穆罕默德）梦到自己是真主阿拉的化身和唯一的先知。

铁路如计划中那样从海岸线开始沿着从古时候或中世纪时期就有的具有神话色彩的海港延伸，那些海港是：亚达那、亚历山大勒塔、安提阿、的黎波里、贝鲁特、推罗、西顿以及迦法，巴勒斯坦拥有的唯一一个岩石海港，主要为山区做贡献。

▲ 穆罕默德二世进城

1453 年，奥斯曼帝国苏丹穆罕默德二世的军队攻陷了君士坦丁堡。

战争爆发以后，这条铁路扮演了德国想要让它扮演的角色。德国的铁路还有两艘在君士坦丁堡的大型德国战舰使得土耳其与中部强国没有联合起来。这条铁路当初是怎样从战略角度着眼设计的？在以后的四年中都显露了出来。这场战争最终取决于西线和海上，在西方战线消失之后很久东方战线才崩溃了。全世界人民都惊奇地发现，土耳其作为一个好战士在 1918 年的表现跟它在 1288 年的战斗中表现得一样好。1288 年，塞尔柱王朝的土耳其人征服了整个亚洲，他们贪婪的目光跨越博斯普鲁斯海峡，投向了君士坦丁堡帝国坚不可摧的城墙。

直到那时这片多山的高原才开始真正变得富裕起来，小亚细亚虽然是连接亚洲和欧洲的大陆桥的一部分，但是从来没有过亚美尼亚人或伊朗高原上波斯人那样悲惨的命运。这就得益于这样的事实：小亚细亚不仅是商业通道的一部分，而且还是所有从印度和中国出发到达希腊和罗马道路的中转站。当世界的历史还不是太长的时候，地中海地区最活跃的商业活动不仅仅是在希腊建立起来的，而是在西亚地区的城市中繁荣起来的，西亚大陆上的城市已经变成了希腊的殖民地。在这里亚洲古老的血液和新的民族混合在一起，制造出的混合体，以十足的智慧和机敏无可匹敌。即使是在现代的地中海东部诸国人种中，在生意的正直诚实方面也是声名在外。对此我们可以在他们古老的家世中找到原因，因为在 500 多年的历史中，他们都要面对许多敌人并要在困境中保护自己。

塞尔柱王朝最终瓦解是不可避免的，土耳其在长期没有一个竞争对手的情况下，军队的力量衰退了。但是在今天，这个小小的半岛依然是古老光荣的土耳其帝国领地。那些苏丹们都消失了。他们的祖先在阿德里安堡居住了将近一个世纪以后又于 1453 年搬回了君士坦丁堡，而阿德里安堡是他们在欧洲除了君士坦丁堡外唯一的一个土耳其城市。他们在君士坦丁堡统治着包括整个巴尔干半岛、匈牙利和俄罗斯南部大部分地区在内的广阔区域。

4个世纪无法形容的不善管理，足以毁灭这个帝国并把它变成今天这个样子。君士坦丁堡是商业垄断方面最古老最重要的范例，在几千年的时间里一直掌握着俄罗斯南部的谷物贸易。同样是君士坦丁堡，大自然对它如此厚爱，它的海港被称为金角或富裕之角，这里产鱼颇多，没有人会挨饿，现在却成了一座三流的省城。新土耳其的统治者在和平以后审查了一下伤痕累累的国家，对君士坦丁堡的衰退得出了明智的结论：这里全是五花八门的希腊人、亚美尼亚人、斯拉夫人、黎凡特人和残留的十字军。在这样的地方想要让土耳其人民恢复活力，想把土耳其变成一座现代化的国家是不可能的。因此，他们给自己选择一个新首都——安那托利亚山中心位置的安卡拉市。位于君士坦丁堡东部200多英里处。

安卡拉是个古老的城市，十分古老。公元前400多年有个叫高卢的部落曾经生活在这里，这群高卢人后来占领了法国平原。安卡拉经历了所有坐落在这条主要贸易通道上的所有城市的荣辱兴衰。十字军占据过这个城市，鞑靼人也占据过这座城市，甚至在1832年还有一支埃及的军队曾经毁灭过这一整片地区。但是就是在这里，卡迈尔·帕桑把它选为新国家的首都。他清除了所有不能被同化的元素，他用希腊人和亚美尼亚人交换回了生活在国外的土耳其人，他用自己的才智建立了自己的军队和自己的威信，他把新土耳其变成了一个正在经营中的企业。但是，上帝知道，安那托利亚山

▶ 帕加马废墟

帕加马原是密细亚（安纳托利亚西北部）的一座古希腊殖民城邦，距爱琴海约26公里。城市本身坐落在巴克尔河北岸的一个海角上。在亚历山大大帝东征之后，地中海地区进入了所谓的希腊化时代，帕加马则在继业者战争之后变成了一个由独立王公统治的王国。在阿塔罗斯王朝（前282年至前129年）统治下，帕加马一度成为一个相当强盛的国家。

经过了15个世纪的战火和被人遗忘之后，对于那些正在借贷市场上寻找有前途借贷者的华尔街银行家来说，这里几乎生产不出什么对他们来说有价值的东西。

同样的，人们普遍认为，小亚细亚对亚洲和欧洲之间未来的贸易具有非常的重要性。士麦那正在赢回它以前的位置，曾经亚马逊人——古代世界里的女战士，统治了亚洲这一部分地区时，在这里建立了一个奇怪的国家。在这个国家里，所有的男孩都会被处死，除了出于延续种族的目的一年让男人进来一次外，其他时间任何男人都不允许进入这个国家。

保罗发现以弗所的本地人依然崇拜想象中的纯真女神狄安娜。顺便说一下，亚马逊种族已经从地球上消失了，而它附近的地区可能会变成世界上最赚钱的无花果花园。

再向北走，穿过帕加马废墟（古代世界最大的文学中心，我们的羊皮纸文献就是从这里得来的），沿特洛伊平原边缘的铁路连接了马尔马拉海边的潘德马。从潘德马乘船到斯库台湖只需要一天的时间，斯库台湖著名的东方快车（伦敦－加莱－巴黎－维也纳－贝尔格莱德－索菲亚－君士坦丁堡）已经与铁路相连，火车可以驶往安卡拉、麦地那、通过阿勒颇－大马士革－拿撒勒－鲁德（从这里坐汽车到耶路撒冷和迦法）——加沙－伊斯梅里亚－坎搭拉与苏伊士相连，从这里沿尼罗河之上可以远达苏丹。

如果没有爆发世界大战的话，这条路肯定可以靠给印度、中国和日本运输货物和乘客赚很多钱，从西欧坐火车到苏伊士后，剩下的路用船运。但是等这四年战争的创伤维修好以后，飞机可能已经成为乘客的普遍选择了。

小亚细亚的西部居住着亚美尼亚古老的敌人——库尔德人，库尔德人和苏格兰及其他的山地人民一样，分成了很多家族，因为他们太强调个人尊严，所以不会友好地对待商业文明或工业文明。他们是非常古老的种族，对此，巴比伦人已经在他们楔形文字的碑铭有所涉及，谢尼芬也已经在他的书《倒退一万年》（多么枯燥的书啊！）中提到过了。他们跟我们有一样的血统，但他们已经皈依伊斯兰教了。因此，他们从不信任他们是基督教徒的邻居，所有伊斯兰教的国家都这样，这是世界大战带来的后果，所有经历过世界大战的人都相信这不是没有理由的，当官方错误报告成为国家策略的一部分时，有理由将这些永远铭记。

▲ 大马士革倭马亚清真寺

当最后宣布和平的时候，没有人感到满足，新的吵闹和争斗又加入了原来的那些中，欧洲的几个强国在土耳其帝国的部分地区安排了自己国家的人作为“法定统治者”，事实证明，他们对土著的统治比原来土耳其人的统治还要残酷。

法国在叙利亚投资了很多钱，他们控制了叙利亚，一个拥有充足资金和军队的法国高级委员会承担起了统治300万古怪叙利亚人的任务，但是叙利亚人从来没有要求变成欧洲的一个委托管理地。委托管理地意味着沦为了殖民地，只是名字稍微好听一点而已。很快叙利亚内部各种不同的声音使他们忘记了对彼此的仇恨转而开始仇恨他们共同的敌人——法国。库尔德人同他们时代的仇敌——罗马天主教的黎巴嫩（腓尼基人的故乡）马龙派教徒和解了，基督教徒不再虐待犹太人，犹太人不再鄙视基督教徒和穆斯林，法国为了维护自己不得不竖起了很多绞刑架，秩序重新建立起来了，但叙利亚很快变成了另一个阿尔及利亚，这并不意味着这里的人民比以前喜欢他们的“委托管理者”了，只是因为带头起义的人被绞死了，其他人缺乏继续战斗的勇气。

至于幼发拉底河和底格里斯河的河谷，现在被提升到了君主国的行列。巴比伦和尼尼韦的遗址现在已经变成了伊拉克王国的一部分。但是新的君主几乎没有汉莫拉比法典上所列的活动的自由，因为他们被迫承认了英国的宗主权，国王法萨尔想要决定诸如重新挖掘古巴比伦排水管道等稍微重要一点的事都要等着伦敦的命令。

至于巴勒斯坦（菲利斯坦的土地），它也是这块地区的一部分，这个国家太奇怪了，所以我只简略介绍一下，免得我这本书剩下的部分全部用来描述这个小小的国家，它并不比欧洲像石勒苏益格－赫尔斯泰因这样九流的小公国大多少，但是这个国家在人类历史上所起的作用却比很多一流的大帝国还要重要。

犹太人最早的祖先离开他们在美索不达米亚东部悲惨的村庄以后，穿过了阿拉伯沙漠的北部地区，跨过了西奈山脉和地中海之间的平原，在埃及度过了几个世纪的时间，最后又折了回去，当他们到达朱迪亚山脊与地中海之间一块狭长而肥沃的土地时，他们就在这里停了下来，并与本地人进行了一场艰苦的战争，他们夺取了大量的村庄和城市最终建立了自己独立的犹太国家。

他们的生活从来就没有舒适过。在西部，腓力斯人和从克利特岛来的非犹太人移民完全占据了沿海地区，把犹太人完全同开阔的大海隔离开了。在东部，有一种最奇怪的自然现象，对于这种现象我们仅仅有一点纪录，那就是，在岩石上有一条巨大的裂缝，从北向南延伸，这条裂缝深到了低于海平面 1300 英尺的地方，把他们的国家同亚洲的其他地方分割开了。现在有很多人像以前浸礼会教徒约翰一样把这条大裂缝选作他们的居住地。这一地区北部从黎巴嫩和前黎巴嫩山脉之间起沿着约旦河谷、太巴列湖（或称加利利海），加利利海位于海平面以下 526 英尺，死海位于海平面以下 1292 英尺（加利福尼亚的死谷在海平面以下 276 英尺，这是美洲大陆最深的地方），从死海（约旦河流入死海，由于持续蒸发，死海含有 25% 的盐分）穿越古老的陆地——以东（摩押人曾经生活在这里）就可以到达克巴海湾，克巴海湾是红海的分支。

大裂缝的南部是世界上最热最荒凉的地区，这里富含沥青、硫磺、磷酸盐及其他具有腐蚀性的混合物，现代的化学家已经利用这些资源获得了巨额利润

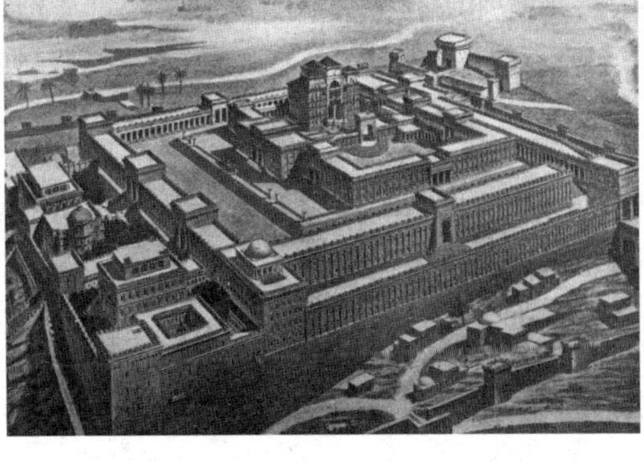

▶ 耶路撒冷第一圣殿复原图

耶路撒冷是由 Jeru（城市）和 Salem（和平）两个词根组成，意思是“和平之城”。巴勒斯坦国中部城市，世界闻名的古城。公元前 10 世纪，以色列的大卫王曾在此筑城建都。公元 7 世纪成为阿拉伯帝国的一部分。

（战争以前，德国成立了一家令人惊叹的死海沥青公司）但是这给以前的人制造了很大的惊奇和恐慌，一次很普通的地震毁坏了索多玛和俄摩拉城，但当地人把这件事归因于上帝的复仇。

当他们翻越朱迪亚的山脊（跟这个大裂缝是平行走向）以后，气候和景色的突然改变肯定给这些早期从东方来的侵略者造成了很深的印象，可能使他们大受鼓舞，兴高采烈地呼喊这是一片“溢出牛奶和蜂蜜的土地”。现在到巴勒斯坦去的旅行者可能会发现这里几乎没有牛奶和蜜蜂，很显然，蜜蜂一定在很久以前就因为缺乏足够的花而死了。这并不是因为气候的改变，就像人们常常听说的那样，现在的气候与耶稣门徒从达恩漫游到比尔谢巴时期的气候并没有太大区别，他们一路上没有为他们的面包和黄油问题而担忧，对于需求简单的所有旅行者来说，这里有足够的枣和充足的天然葡萄酒。是土耳其人和十字军的所作所为使事情变成了现在这个样子。十字军毁坏了所有独立时期和罗马统治时期修筑的灌溉工程的残存部分，土耳其人像以往一样做了剩下的事。这块只要有水就能带来丰收的土地被彻底疏忽了，直到十分之九的农民或者死亡或者搬迁了出去。耶路撒冷变成了贝都因人的村庄，在这里十几个基督教派和他们的穆斯林邻居永远都在忙于争吵。对穆斯林来说，耶路撒冷也是一座圣城，阿拉伯人认为，他们是不幸的伊斯梅尔的直系后代，伊斯梅尔和他的母亲海格被亚伯拉罕在他妻子的要求下赶到了荒野里，而亚伯拉罕的妻子就是令人敬畏的萨拉。

但是伊斯梅尔和海格并没有如萨拉所计划的那样被渴死，伊斯梅尔跟一个埃及姑娘结了婚并创建了阿拉伯国家。因此他和他母亲被葬在了天房外面，天房是麦加所有被崇拜的地方中最神圣地方的中心。所有穆斯林一生中最少要来麦加一次，无论旅途中会遇到什么困难也无论他们离这个神圣的地方距离有多远。

阿拉伯人刚刚占领了耶路撒冷就在一块岩石上建了一座清真寺，根据惯例，他们的远亲所罗门，即亚伯拉罕的另一个直系后裔已经在这块岩石上建立了他著名的庙宇，只有上帝知道这是发生在多少个世纪以前。为了争夺这块岩石和岩石周围的墙（这堵墙有一部分是犹太人公认的“哭墙”）的主权的战争，两个种族之间的纠纷持续不断。现在两个种族的人口都归巴勒斯坦管辖。

还能期盼怎样的未来呢？当英国人占领了耶路撒冷以后发现这里的居民80%是穆斯林（叙利亚人和阿拉伯人），20%是犹太人，其余的是外邦的基督教徒。英国作为世界上最大的伊斯兰帝国的统治者不能伤害这么多忠实臣民的感情，他们也不能为了不到10万个犹太人而放弃50万个巴勒斯坦的穆斯林。

于是就出现了通常的凡尔赛式的妥协方式，这种方式不会伤害任何人。巴勒斯坦现在是英国的“委托管理地”，英国军队维持不同派别之间的秩序。官员是从著名的英籍犹太人中选出来的，但这个国家实际上是个完全没有政治独立的殖民地。对此鲍尔弗先生曾夸夸其谈，但在巴勒斯坦运动初期他在提到这片地区将来是犹太人的家园时又说得含糊其辞。

如果犹太人知道自己想要对这个古老的祖国做什么的话，事情就会简单很多。欧洲东部的犹太人尤其是俄罗斯的犹太人一直赞同让这个国家保持现在的样子——一个巨大的神学院里面有博物馆展出希伯来人的古物。年轻的一代记着预言家智慧的话“逝去的人应该埋葬过去”，他们也是这么认为的。为过去的荣耀或欢愉而哭泣会严重阻碍明天的荣耀和欢愉。他们希望把巴勒斯坦变成一个正规的现代化国家就像瑞士或丹麦那样，这里的人会忘掉贫民窟里的回忆，他们会对好的道路和好的灌溉系统更感兴趣，而不是整天和他们的阿拉伯邻居为了一些古老的石头而争吵，这些石头可能曾是丽贝卡汲水用的井石，而现在只是阻挠进步的障碍。巴勒斯坦大部分国土都是连绵起伏的山区，而且从东到西是一个坡面，因此把这些被忽视和荒废了的土地开辟成农田是很有可能的事。每天大部分时间都会有吹来的海风会给这一地区带来很多露水，这是最适宜种植橄榄的条件。曾经被建造在死海地区的杰里科市是唯一有点重要性的城市，可能会在未来的时代再次变成椰枣的贸易中心。

巴勒斯坦的土地中既没有煤炭也没有石油，这样就不会引起外国出资人的注意，也就能够按照耶和华和穆罕默德所允许的那样去解决自己的问题。

Van loon geography

房龙地理（下）

第三十四章

“荒原上的游牧民族”——阿拉伯

根据我们普通的地图集和地理手册上的地图来看阿拉伯是亚洲的一部分。但是从火星上的来客由于不知道我们地球的历史可能会得出完全不同的结论，他们可能会觉得——著名的阿拉伯沙漠仅仅是撒哈拉大沙漠的延续，它们只是被一条微不足道而且很浅的印度洋小海湾隔开了，而这个小海湾是红海。

红海的长度是宽度的六倍，遍布暗礁。它的平均深度大约是 300 英寻。它与亚丁湾相连，而亚丁湾确实是印度洋的一部分，亚丁湾的深度从 2 英寻到 16 英寻不等。红海里遍布由火山形成的小岛，有可能红海原来只是一个内陆湖直到波斯湾形成以后它才变成了一个海。正如北海原来也不是海，在英吉利海峡形成以后它才成为海。

至于阿拉伯人，他们似乎既不想成为非洲的一部分也不想成为亚洲的一部分，因为他们称呼自己的国家是“阿拉伯人的岛”，这个国家的土地面积是德国的六倍，然而他们的居民人口数却与他们的国土面积很不成比例，因为他们

▶ 公元750年的阿拉伯帝国领土

阿拉伯半岛位于亚洲和非洲之间，沙特阿拉伯、也门、阿曼、阿拉伯联合酋长国、卡塔尔和科威特、约旦、伊拉克、以色列位于阿拉伯半岛上。其中以沙特阿拉伯为最大。阿拉伯半岛是伊斯兰教的诞生地。伊斯兰教的创教人穆罕默德在这里出生和生活。半岛上的麦加是伊斯兰教的圣地。

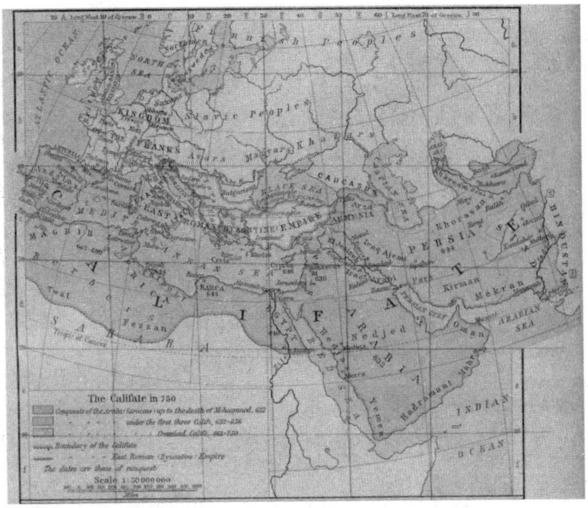

的人口甚至没有伦敦市的人口多。这700万阿拉伯人的祖先肯定拥有卓越的体质和精神品质，因为他们以他们优秀的样子给世界上的大部分人都留下了深刻的印象，大自然并没有给他们任何帮助。

首先，他们国家的气候并不适合人类，不仅是因为撒哈拉沙漠的延长部分夺走了所有的河流，这里也是地球上最炎热的地方，只有最南部和最东部的海岸很潮湿，但是这里不适合欧洲人居住。半岛中部和西南部的山脉高度将近6000英尺，天黑以后在不到半小时的时间内气温会突然从华氏80℃下降到华氏20℃，人类和野兽都不能忍受气温的这种突然变化。

如果没有地下水，内地是绝对不适合人居的。沿海地区除了亚丁湾英国移民区北部的区域外其他地方的情况并没有好多少。

从商业的角度来看，整个神圣的半岛还没有曼哈顿岛地势较低的地区有价值。但是如果曼哈顿岛要想跟阿拉伯对整个世界文化发展的影响一样的话它就得做的比现在更好。

奇怪的是阿拉伯半岛从来没有成为像法国或瑞典那样的一个国家，而是由很多国家组成。世界大战期间同盟国迫切需要援助，所以他们对所有人所有事情都许下了不负责任的承诺。以至于现在出现了十几个所谓的独立国家从波斯湾一直延伸到克巴湾，更北部的外约旦（由埃米尔统治，而埃米尔需要从耶路撒冷得到命令），把巴勒斯坦与叙利亚沙漠分隔开了。但是大部分国家都仅是

▲ 19 世纪晚期的黎巴嫩、印度、阿拉伯和西伯利亚等地服饰。

名义上的独立，如波斯湾沿岸的埃尔·哈桑和阿曼，红海沿岸的也门和阿希尔，南部的埃尔·赫加兹可能是唯一有些重要性的城市，因为它不仅有自己的铁路（巴格达铁路的最后一部分，巴格达铁路现在远到麦地那，最终将会被修建到麦加）还控制着伊斯兰世界的两座圣城。麦加，穆罕默德的出生地。麦地那，穆罕默德被埋葬的地方。

当 7 世纪早期这两座绿洲城市成为一系列事件的中心时它们还没有多大的影响力，它们的名望得益于穆罕默德。穆罕默德出生于 567 年或 569 年，他是在他父亲死亡以后几个月出生的，不久他的母亲也去世了，因此他被托付给他贫穷的祖父照顾。早期时候他是个赶骆驼的人，一支商队雇佣了他，他跟着这支商队走遍了阿拉伯地区。他甚至可能跨越了红海，他可能访问过阿比西尼亚，后来这个国家想要把阿拉伯变成非洲的殖民地（这是一件很容易的事，因为不同沙漠部落非常仇恨彼此，他们之间常常发生斗争）。

然后，穆罕默德创建了伊斯兰教并且在麦加传教。然后，在他麦加邻居的压力下——他的邻居嘲笑他这个由蔬菜贩子变成的先知，当他变得很严肃的时候这些邻居甚至以他的生命威胁他。他逃到了麦地那并在那里开始了他庄严的传道生涯。

我不能很详细地解说他的教义，如果你感兴趣的话可以买一本《可兰经》来读，你会发现这本书很费解。对于穆罕默德的劳动成果我讲这么多已经足够了。阿拉伯大沙漠里不同的闪米特部族突然意识到他们要履行一项天职。在不到一个世纪的时间里，他们征服了小亚细亚、叙利亚、巴勒斯坦以及非洲和西班牙的整个北部海岸。直到 18 世纪末他们依然是欧洲安全的一大威胁。

根据所有有所成就的人（包括拿破仑，虽然他不会判别女人的好坏，但是当他看到一个人的时候就能判断出他是不是一个好士兵）来说，能在几年时间内就做到这些的人肯定拥有超凡的身体和精神素质。阿拉伯人是很好的战士。他们中世纪时期的大学证实了他们在智力方面的天分和对科学的兴趣。

为什么到最后他们失去了所有他们以前的声望？我不知道。如果要在这里高谈阔论地理环境对人品质的影响，然后证明沙漠部族总是世界上伟大的胜利者的话是很容易的，但是有很多沙漠里的人从来没有做成过任何事情。有很多山地民族做了各种精彩的事，但是也有很多山地民族沦为了醉鬼和草率、懒惰、虚度光阴的人。对不起，我不能从任意一个成功或失败的民族写出一本全面的道德课程来。

▲ 最后一位“正统哈里发”阿里·伊本·艾比·塔里卜的陵墓位于伊拉克纳杰夫的阿里清真寺

但是曾经发生过的可能会再次发生。18 世纪中期伟大的改革运动清除了伊斯兰教各种形式的偶像崇拜，以瓦哈比兹斯为首的清教徒式的宗教教派地位有所上升，他们坚持节俭和简单的生活，这可能会成为阿拉伯再次走上战争道路的原因。如果欧洲继续把他们的精力都浪费在内战上，他们可能会像 12 个世纪以前一样对我们很危险。这个可怕的半岛是个巨大的“储藏库”，这里住着很“严厉”的人，他们很少笑也很少玩，他们总是很严肃，他们不会因为物质财富的诱惑而堕落，因为他们的需求太简单了，他们从来不觉得自己缺少什么更好的东西。

这样的国家是潜在的危险源，尤其是当他们有正当的理由觉得自己被侵犯了的时候。以阿拉伯为例，与所有亚洲、非洲、美洲和澳大利亚相比，这里白人的良心并不像我们所希望的那样清白。

Van loon geography

房龙地理（下）

第三十五章

世界人口第二大国——印度

亚历山大在基督出生300年前发现了印度。虽然他穿过了锡克人的家乡——旁遮普，但并没有走到离印度河太远的地方，他从未深入到这个国家的中心，以前和现在的印度人都居住在恒河流域的宽阔河谷中，这条河谷北部是喜马拉雅山，南部是德干高原。自欧洲人从马可波罗那里得到有关这块神奇土地的确切消息到现在18个世纪的时间已经过去了。那时，葡萄牙的达·伽马到达了马拉巴尔海岸边的果阿。

从欧洲到这个香料、大象和金庙之地的海上道路开辟出来之后，地理学家们以很快的速度增加了很多对这一地区的认识，以至于阿姆斯特丹的地图制造者不得不加班加点地工作。从那时起，这个富饶的半岛上每一个角落都被探索到了。下面我将以尽量简略的语言对印度的地貌做一下介绍。

印度的西北部被一直从阿拉伯海延伸到兴都库什山脉的吉尔特尔山和苏莱曼山脉与世界其他地方分割开了。印度北部的喜马拉雅山形成了一个半圆形的障碍圈，从兴都库什山脉延伸到孟加拉湾。

跟印度有关的一切事物与欧洲的地质比例相比都使欧洲显得相形见绌，使欧洲看起来有点可笑。首先，印度本身的面积和除俄罗斯以外的整个欧洲的面积差不多，如果喜马拉雅山是欧洲的一座山脉的话，它就能从加来延伸到黑海。喜马拉雅山上有 40 座山峰比欧洲最高的山峰还高。喜马拉雅山上的冰山平均是阿尔卑斯山上冰山的四倍那么长。

印度是世界上最热的国家，印度还有好几个地区是世界上年降水量最多的地区（每年 1270 厘米）。这里的人口数超过 3.5 亿，这里的人讲 150 多种不同的语言和方言。这里有 9/10 的人依靠他们自己种植的农作物生存，当年降水量不充足的时候，饥饿导致的死亡率为每年 200 万人（我提供给你的是 1890 至 1900 年间的数据）。现在英国已经清除了瘟疫，结束了种族之间的战争，建造了大量的灌溉设施，引进了卫生学的基本原理（当然了，这些是由印度人自己掏钱的），但是他们人口的增长太快了，很快他们就又会像瘟疫和饥饿肆行时期那样贫穷，那个时侯婴儿的死亡率很高，会使负责往高止山上贝拿勒斯运送尸体的工作人员一天工作 24 个小时。

印度的大河流向与高山的走向平行。印度河在西部，它首先穿过旁遮普地区，然后又穿过北部的山峰，这里给来自北亚的未来征服者提供了一条通往印度斯坦中心地区的便捷通道。至于恒河——印度的圣河，它几乎是直着向西流去。恒河在汇入孟加拉湾以前有一条叫布拉马普特拉河的河流汇入其中，布拉马普特拉河也是发源于喜马拉雅山的群峰之中，这条河在到达卡西丘陵前一直是向东流向，流到卡西丘陵以后被迫绕道，流向也被迫改为西向，此后不久就汇入了恒河。

▶ 印度第一大河——恒河风景

印度，是印度共和国（Republic of India）的简称，四大文明古国之一，位于亚洲南部，是南亚次大陆最大的国家。古印度人创造了光辉灿烂的古代文明，具有绚丽的多样性和丰富的文化遗产和旅游资源。

恒河和布拉马普特拉河的河谷是印度人口最密集的地区，两条巨大的河流形成了一座潮湿而多沼泽地的三角洲，三角洲的东岸上有印度主要的制造中心——加尔各答市。

恒河流域的产物比印度斯坦更为有名，或称真正的印度人的土地。这里人口众多，如果不是这里长期都遭受着令人绝望的人口过多的折磨的话，这里可能也是会获利颇丰的。首先，这里有大米。印度、日本和爪哇的人民都吃大米，因为在很久以前就被人工改良了的水稻每平方英里（每平方英尺和每平方英寸都是如此）能比其他作物产出更多的粮食。

水稻的耕作过程既困难又脏乱。这不是个令人愉快的词，但这是描述这一过程最恰当的词。上百万的人被迫在烂泥和液体的粪便中费力前行。水稻最先被播种于泥土中，等这种小植物长到九英寸高的时候用手把它们拔出来移植到充满水的田地里，在水稻收获之前这块水田都必须充满了水，到收获的时候水田里令人作呕的液体就会通过一种很复杂的排水渠道排放到恒河里去。恒河为聚集在贝拿勒斯的虔诚的信徒提供饮用水和洗浴用水，而贝拿勒斯是印度人的“罗马”，也可能是世界上最古老的城市。到这时，这些腐臭的水被提升到了如此神圣的地步，它们可以清洗其他任何形式的净身礼都不能清洗的罪恶。

恒河流域的另一产物是黄麻纤维，这是一种植物纤维，一个世纪以前第一次被出口到欧洲作为棉花和亚麻的替代品。黄麻纤维是一种植物内部的皮，这种植物的生长需要跟水稻一样多的水分，在这种纤维被抽取出来以前这层皮必须在水里浸泡好几个周的时间。黄麻纤维被抽取出来以后就被送到了加尔各答的工厂被加工成了绳索、黄麻纤维的包以及一种本地人穿的粗糙的衣服。

这里还有一种靛蓝色植物，以前我们一直从这种植物里提取我们所需要的蓝色。直到最近我们发现从煤焦油里提取蓝色更经济，以后我们才不用这种植物了。

最后，这里还有鸦片，最初种植鸦片是为了缓解风湿病的疼痛，这个国家的大部分人口要花费很多时间在没膝的泥水田里种植他们每日所需的水稻。在这样的国家里发生风湿病是不可避免的事。

除河谷以外，在山峰的斜坡上，许多茶园已经取代了古老的森林。叶子很小但是很有价值的这种灌木需要大量热的水蒸气，因此它们最好生长在山坡上，这里的水不会伤害它们脆弱的根部。

▲ 位于德干高原的孔塔拉瀑布

恒河河谷往南是三角形的德干高原，这里有三种不同种类的植物。北部和西部的山峰是柚木贸易的中心，柚木是一种非常持久耐用的木材，这种木材不弯曲不收缩，不会腐蚀铁。在钢铁制作的大轮船引进以前，这种木材的需求量很大，主要用于造船。它还有很多别的用途。德干高原内部降雨量很小，是另一个令人恐惧的常常发生饥荒的地方，这里种植棉花和很少的小麦。

至于沿海地区，西部的马拉巴尔海岸附近和东部的科罗曼德尔海岸附近享有充足的雨水，养活了很大一部分人口，这里的人可以收获大量的水稻和粟。粟是一种谷物，我们进口粟用来喂鸡，而印度本地人却拿粟当面包吃。

德干高原是印度唯一一块被发现有煤、铁和金矿的地方。但是这些矿藏从未被大规模开采过，因为德干高原上的很多河流水流太急了。

科摩林角东部的锡兰岛实际上是印度半岛的一部分，把锡兰岛与德干高原分开的是保克海峡，这条海峡里布满了暗礁，必须不断地疏浚才能保持通航。暗礁和沙洲形成了一种天然的桥把锡兰岛和大陆连接了起来，这座桥叫做亚当桥。因为亚当和夏娃因为没有服从上帝的命令使上帝发怒，之后就是从这里逃出伊甸园的。这里的人说，锡兰岛就是原来的伊甸园。跟印度其他地方相比这里仍是一座伊甸园。之所以这么说，不仅仅因为这里的气候、这里肥沃的土地、这里充足（但是不是特别充足）的降雨量和这里适度的气温，还是因为这里逃离了印度最坏的一种罪恶制度——印度人排斥佛教是因为对他们而言佛教的精神价值太过崇高而超出了普通人所能理解的范围。但是锡兰岛的人依然信奉佛教，并因此而放弃了严格的社会等级制度，这种社会等级制度在不久之前还是印度宗教不可分割的一部分。

地理和宗教之间的联系比我们通常所料想的还要密切。在所有事都被完成的很卓越的印度，宗教在数千年来完全彻底地控制着人们的思想，以至于宗教成了影响印度人说话、思考、做事、吃喝或谨慎地避免说某些话、做某些事或吃喝某些东西方面的重要因素。

在其他国家也是这样，宗教常常影响了生活的正常发展。在中国，为了表示对已经逝去的祖先的敬重，人们常常把他们的祖父和祖母埋葬在他们山峰的南坡，他们就只能在阴冷而多风的北坡开垦土地种植他们日常所需的粮食，他们这种值得赞扬的对祖先的感情导致的直接结果就是他们自己的孩子被饿死或被卖为奴隶。实际上，每一个种族（包括我们自己）都被一些奇怪的禁忌或源于神的神秘的古老法规所阻碍，这些禁忌和法规常常会阻碍整个国家的进步。

想要了解宗教对印度这个国家产生了怎样的影响我们至少要追溯到史前时期，至少在希腊人第一次到达爱琴海的海岸 30 个世纪以前。

那时印度半岛上居住着黑皮肤人组成的种族，即德拉威族，他们可能是德干高原上最初的居民。雅利安家族（我们也是从这一家族发展而来的）后来分成了两部分，他们都离开了在中亚的古老的家乡去寻找更宜人的气候带。一部分向西迁移在欧洲定居，后来又越过海洋占据了北美。另一部分向南方艰苦跋涉翻过了兴都库什山和喜马拉雅山，占据了印度河流域、恒河流域和布拉马普特拉河流域，并从这里渗透到了德干高原，他们沿着西高止山脉和阿拉伯海之间的沿海地区最终到达了印度南部和锡兰岛。

新来者比本地人拥有更好的武装力量，所以他们对待本地人就像所有强大的种族对待弱小的种族那样。他们嘲笑本地人是黑人，把本地人的稻田据为己有，当他们的女人不够时，他们就强占本地妇女（穿过开伯尔山口的路途太过艰险，不允许他们从遥远的中亚带来很多女人），如果本地人有一点要反叛的迹象就会惨遭屠戮，剩下的幸存者被迫搬迁到了印度半岛最差的地区，在这里他们生活或挨饿都无人问津。到现在为止，德拉威族人的人口数都比雅利安人要多，因此，这里始终有一种威胁就是较低形式的文明可能会影响到较高形式的文明，要阻止这一现象的唯一办法就是永远把黑人限制在他们自己的区域内。

现在的雅利安人像我们种族的所有人一样总是倾向于把社会分成许多不同

的社会层次和等级。“等级”这个词全世界的人都知道，美国在启蒙时期就已经出现这个词了，美国人歧视犹太人，基于我们不成文的社会偏见，南方的一些州在正式法律中规定黑人只能乘坐特定的汽车。纽约是个思想开放的城市，但是我终生都不知道该带我黑皮肤的朋友（黑种人或印度人甚至是爪哇人）去哪吃顿晚饭。火车用这种方式表达了对等级制度的崇敬之情，只给白人提供豪华车厢和客车车厢。我对黑人住宅区的黑人等级体制不太了解，但是当一个德国籍犹太人的女儿同一个波兰籍犹太人结婚的时候，这个德国籍犹太人家庭的羞愧是显而易见的，借此我们可以看到“与普通人不同”这种感觉在我们所有人的头脑中多么普遍。

对我们而言，等级体系还没有发展成为能影响社会和经济行为的严厉的准则。在猜想中，一个阶级通向另一个阶级的门总是谨慎地紧闭的。但是我们都知道，如果谁足够努力地推这扇门或者有一个小小的金钥匙或者仅仅是猛击外部的窗户造出足够大的噪音，这些人迟早会进入他们想进入的这个阶层。但是征服了印度的雅利安人把阶层之间的门完全用砖石工程封堵起来了，从那一刻起，各个阶层的人只能被禁锢在属于他们的小空间里，他们被迫一直待在那里。

现在一个这样的体系绝不是出于偶然，人们不是突然发明这样的体系仅仅是为了使自己高兴或者为了使邻居痛苦，在印度，这样的体系是恐惧的产物。雅利安人起初的阶层包括神父、战士、农民和苦力者，被他们夺走国家的德拉威人的数量明显多于他们。他们必须采取一些必要的措施使这些黑人待在他们恰当的位置。他们做完这些以后又向前迈了一步，而这一步是其他种族所不敢企及的，他们给他们人为的“等级”体系披上了宗教的外衣并且宣布婆罗门教是三个上层阶级专有

▲ 建于公元前 3 世纪的阿育王柱

▲ 印度首都新德里的印度门是印度的国家纪念碑，建于 1931 年

的财富，把那些出身卑微的人拒于真正的精神世界之外。为了保持他们不被出身卑微的人所玷污，每一层阶级都有复杂的仪式和神圣的习俗作为与外界划清界限的障碍，因为除了本阶层内的人，其他人面对这一套没有意义的“被禁止的”迷宫时会感到茫然不知所措。

如果你想知道这套体系怎样在每天的实际生活中得以实施的，就请设想一下在过去的 3000 年内如果没有人被允许超过他父亲、祖父或曾祖父的脚步继续前进，个人主动性会变成什么样呢？

有很多迹象表明印度正处于精神大觉醒的前夕，但是直到最近这种变革都被印度所有阶层的统治者所阻碍，统治者即婆罗门，印度所有等级中最高一级——可世袭的神父阶层。使他们成为无可置疑的领导者的宗教有一个含糊的名字——婆罗门教。这个宗教是以梵天这个人物为中心建立起来的，梵天可被称做印度奥林匹斯山上的宙斯或朱庇特。他是创造万物的神，是所有事物的起始和结束。但是梵天作为一个象征性的意义对普通人来说太含糊太不实际，所以他也通常被以这样的方式崇拜。他被认为是一个令人尊崇的老绅士，当他创造了这个世界的时候，他就完成了自己的使命，实际管理我们这个星球的工作被交给了他的助手——许多个社会声誉不怎么好的神和魔鬼。

▲ 印度教神像

这就使引进各种奇怪超自然生物的大门开得更宽了，像湿婆、毗瑟，还有一整队的幽灵、鬼和食尸鬼。他们把很多恐怖的要素引进了婆

罗门教里，人们不再因为力求一些好的品质而努力成为好人，他们努力成为好人只是因为这是有希望逃过邪恶食人恶魔盛怒的唯一方法。

▲ 1945 年二战刚结束时的加尔各答

加尔各答是印度西孟加拉邦首府。印度第三大大都会区（仅次于孟买和德里）和印度第四大城市。

佛是在基督之前 6 个世纪就出生的伟大的改革者，他知道婆罗门教以一种更纯洁的形式存在会成为多么高尚的事物，所以他试着把他那个时代流行的教条和精神力量变成曾经的样子。刚开始的时候他取得了一些成功，但是他的思想对大多数他的国民来说太不实际、太高贵、太高不可攀，当最初的热情沉寂下来以后，以前的婆罗门教又恢复了他们的势力。在过去的 50 年里印度的领导者才意识到，一个几乎完全建立在仪式和空洞礼仪表演基础上的宗教必然会走向灭亡，就像一棵树一旦不能从它生存的土地上汲取养料它就必然会死亡一样。印度教不再像几代人以前那样是一种死亡的可怕的精神折磨。古老庙宇的门窗都被打开得更宽了。印度的年轻一代意识到了可能会毁灭他们的生活，如果他们内部相互隔离的话，他们就不能组成一条团结的战线对抗外国的统治者了。奇怪的事情正在恒河河畔发生着，当奇怪的事情在 3.5 亿人身上发生时，世界历史可能又会谱写新的篇章了。

虽然印度有许多大的城镇，但印度实质上还是主要由村庄组成的国家，因为有 71% 的人口依然生活在乡村里，其他人口分布在几个你至少应该知道名字的城市里。加尔各答，位于恒河和布拉马普特拉河的河口处，这里原来只是一个无足轻重的小渔村，18 世纪时期这里变成了克莱夫反法活动的中心，也发展

◀ 泰姬陵

泰姬陵，是位于印度北方邦阿格拉的一座用白色大理石建造的陵墓，是印度最知名的古迹之一。它结合了印度建筑和波斯建筑的风格，被称为是“印度穆斯林艺术的珍宝”。它是莫卧儿王朝第5代皇帝沙贾汗的皇后阿姬蔓·芭奴的陵墓。

成了印度重要的海港。苏伊士运河开通以后，它的重要性大不如前，因为如果有人想把货物运送到印度或旁遮普地区时，用大轮船直接把货物送到孟买或卡拉奇地区比送到加尔各答更方便。在小岛上的孟买也是东印度公司的一个产物，东印度公司打算把孟买作为海军基地和德干高原地区棉花贸易的出口港。它出色地完成了东印度公司交给它的任务，它吸引了来自全亚洲的移民，这里也变成了波斯先知琐罗亚斯德最后一批追随者的家乡，这些帕西人成了当地最富有最聪明的一群人，他们崇拜火，把火当成神圣不可玷污的东西，因此他们是不可能实行火葬的。

德干半岛的东海岸有座城市叫马德拉斯，它是科罗曼德尔海岸上最重要的港口。稍微往南一点的城市本地治里使人回想起法国是英国最强劲对手的日子，当迪普莱克斯和克莱夫为整个印度领地而战的时候，这场战争引发了加尔各答恐怖的黑洞事件。

最重要的城市是本来就坐落于恒河河谷的城市。西部地区首先是德里，德里是莫卧儿王朝国王的旧居住地，莫卧儿国王选择这个城市是因为这个城市完全控制着从中亚进入恒河河谷的大门，谁控制了德里谁就控制了整个印度。顺河而下是阿拉哈巴德，这是穆斯林的圣城，从城市的名字就能看出来，离阿拉哈巴德不远处是勒克瑙和坎普尔，这两座城市与1857年暴乱之间的关系使他们声名远播。

再往南是亚格拉，这里是莫卧儿王朝四位国王的居住地。这四位国王中有一位国王为了纪念他深爱的女人而为她建造了泰姬陵。

再沿河而下我们就到达了贝拿勒斯，这座城对印度人的意义就像罗马和麦加一样，印度人不仅来到这里在神圣的河水中沐浴而且他们愿意死在这里，在河岸边的高止山上火化，让骨灰散播在河流里。

我最好在这里停笔，无论何时当你接触到一个有关印度的话题时，无论你是以一个历史学家、化学家、地理学家、工程师或仅仅是一个旅行者的身份靠近，你都会发现你处在一个深奥的道德和精神问题的核心。当我们西方人进入这个迷宫的时候应该谨慎前行，因为在这个迷宫里我们既是陌生人又是新来者。

2000年前，尼西亚和君士坦丁堡的圣人学术委员会试图规划教条，后来这些教条征服了西方世界，我正在描述的这些人的祖先很熟悉时势，他们确立了一些令人费解的有关教条和信仰的观点，而这些观点至今仍令我们的邻居大伤脑筋，可能在未来的12个世纪里他们还会继续为此而烦恼。谴责对我们来说很容易的，太容易了，我了解到的印度的大部分事情对我而言都很奇怪，这给我一种很不舒服的感觉，一种令人迷惑的使人不安而恼怒的感觉。

我记起来我曾经对我的祖父和祖母也有过同样的感觉。

现在我最终意识到他们是正确的，或者说，至少，如果他们不是完全正确的话，他们也不是像我过去所认为的那样是绝对错误的。这是一节难懂的课程，但是它试图教给我谦逊，上帝知道，这正是我所需要的！

Van loon geography

房龙地理（下）

第三十六章

缅甸、暹罗、马六甲

这个半岛内有4个古老的王国，这些王国中，有独立的，有半独立的，也有受他国支配的。该半岛的面积是巴尔干半岛的四倍。这4个王国中，让我们先从最西边的缅甸说起。缅甸在1885年获得了完全的独立，然后英国在取得了本地人和世界大部分地区普遍的赞同后把最后一位当地统治者流放，吞并了这个国家，把这个国家变成了英帝国的一部分，除了这位被流放的国王外没有人反对这件事，这位国王是那种除了在著名的电影“东方统治者”外没有任何理由继续存在的典型代表，按照条例这位国王除了是个未被查明的疯子外什么也不是。更无须说明，他甚至不是本地人，而是来自北部。整个半岛遭受了很多来自这种绅士阶层的折磨，这跟当地山脉的位置有很大关系。印度被从东延伸到西部的高山把它与北部阻隔开，所以享有一定的天然保卫。而这个不幸的半岛被5条独立的山脉占据，这5条山脉都是南北走向，因此它们为那些想要从粗糙的中亚草地搬迁到孟加拉湾、暹罗湾和中国南海这些富饶的沿海地区的人提供了几乎是完美的通道。我们遇见过来自中亚的这种人，我们的地图上遍布

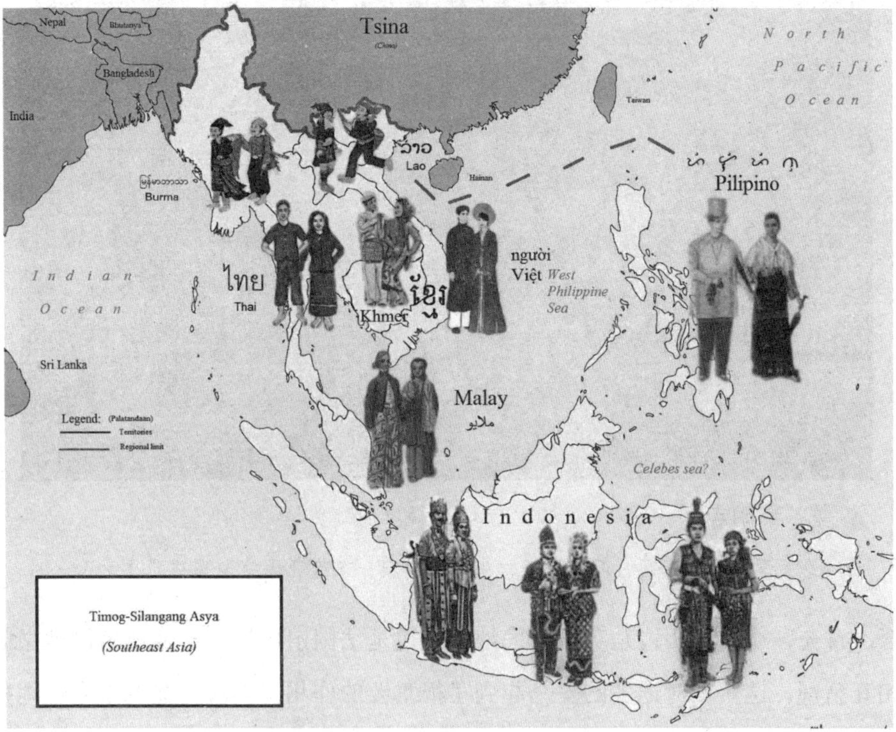

▲ 地图上显示的是东南亚各民族

着许多被他们毁掉的城市和被他们劫掠过的农场。

你不必为缅甸最后一位独立君主的命运流下不必要的眼泪，要知道为了庆祝他就任王位他又恢复了亚洲最古老的传统，那就是，杀掉了他所有的亲戚。土耳其苏丹总是做这样的事作为预防措施，就像如果你被选举为一个南美共和国的总统以后就会办理意外保险一样。在 19 世纪 80 年代这个君主上百个兄弟、堂兄、侄子被残忍屠杀的故事读起来使人感觉并不好，于是一个英国的长官取代了前任君主的位置。从那时起，这个人口由 3% 印度教徒和 90% 佛教徒组成的国家大大地兴盛起来，从仰光到曼德勒一路通航的伊洛瓦底江变成了一个以前从未成为过的贸易要道，现在这条江中的米船、油轮和各种其他种类的船比它漫长历史中的任何时期都多。

至于暹罗（泰国的旧称），这个国家位于缅甸的正东方，多纳山脉和他念他翁山脉把两国分割开来，这个国家能够持续享有独立要归功于多种情况的结

▲ 曼谷黎明寺

泰王国，通称泰国，旧称暹罗，东南亚国家，东南亚国家联盟成员国之一。

合。首先，暹罗的西边是英国殖民地，东边是法国殖民地，这两块殖民地之间相互猜疑，这一点对暹罗的安全起到了很重要的作用。其次，暹罗很幸运地拥有一位很卓越的领袖，国王朱拉隆功，在位40多年，他是一位中国人的后裔，而这位中国人在18世纪后半叶把暹罗从缅甸分离了出来。朱拉隆功国王巧妙地做出一些没有意义的妥协然后利用西边的邻居对抗东边的邻居，他身边的顾问没有英国人和法国人，而是从一些危险性更少的小国家中选取了一些专家。在他执政期间，暹罗的文盲人数从90%减少到了20%，建造了一所大学，修筑了铁路，使湄南河通航里程超过400多英里，配备了先进的邮电系统，还注重训练军队，这一切不仅使暹罗变成了可取的同盟者也使它变成了一个潜在的危险敌人。

曼谷位于湄南河的河口三角洲上，这座城市不断发展最终拥有了将近100万人口，很多居民依然生活在固定于河中的木筏上，这一方面使曼谷很像东方的威尼斯。暹罗不拒绝外国移民，反而鼓励勤劳的中国人在首都定居，现在这些中国人的人口数已经占到总人口数的1/9，这些中国人为使暹罗成为最重要的大米出口国之一做出了卓越的贡献。国家内地被茂密而又很有价值的森林所覆盖，柚木是一种重要的出口商品。马六甲半岛上蕴藏着世界上储量最丰富的锡矿，不知道是好运气还是好直觉使暹罗的统治者至少保留住了这个半岛的一部分。

然而，从整体上来看，暹罗政府反对国家工业化，所有热带地区的居民如果想要生存下去的话，不得不把主要兴趣放在农业和其他简单工作上。暹罗可能是亚洲少数几个认为这种政策可行的国家之一。让欧洲拥有工厂和贫民窟吧，亚洲只要保留自己的村庄和田地。这些村庄可能跟西方的那些不一样，但这些是适合东方气质的，工厂就不适合了。

顺便说一下，暹罗盛产的农产品跟大多数其他国家不一样。除了中国人饲养的100万头猪外，这个国家还可以夸口说有不少于600万头温顺的水牛和6822头大象，它们可以为家庭服务也可以作为起重机和卡车出租使用。

法属印度支那，是法国在这座半岛上的领地的名字，法国在这里的领地由五部分组成。从南往北，第一个是柬埔寨，它的国土面积从湄公河谷延伸到河口三角洲。这里盛产棉花和辣椒。柬埔寨名义上仍是个王国，实际上它是在法国的监督管理之下。在内地密林之中，洞里萨湖正北方，有一些最有趣的曾经未被发现的遗址——吴哥窟，这些遗址是由一个神秘的种族——高棉族建造的，我们对高棉族几乎没有了解。在9世纪时期，高棉人在柬埔寨北部建造了一座首府，叫作吴哥，这是一件大事，因为建造的墙构成了正方形，每一堵墙的长度都不少于两英里，高度不少于30英尺。起先在印度传教士的影响下，高棉人信奉婆罗门教，但是在10世纪的时候，佛教成为了这个国家的国教，从婆罗门教到佛教这种思想转变的表现就是这里建起了大量的庙宇和宫殿，所有庙宇和宫殿都是在12世纪到15世纪期间建造起来的，首都吴哥被毁坏以后留下了那些最了不起的建筑遗址，同吴哥窟相比，我们声名显著的玛雅遗址只是头脑简单的初学者的作品。

◀ 吴哥窟

吴哥窟位于柬埔寨西北部，是 座巨大的水上都市，以建筑宏伟与浮雕细致闻名于世，有许多保存得最为完好的庙宇。

▲ 仰光大金寺

有一种理论说吴哥原先是建在海上的，那时湄公河的河口三角洲还没有形成。如果是这样的话，海岸线就后退了300多英里，这就创造世界纪录了，因为在历史时期拉文纳的海岸线后退了5英里，比萨的海岸线后退了7英里，除此之外再没有哪里的海岸线后退长度超过这两例了。有关吴哥的来龙去脉也许将会永远是个谜了。这个城市在它那个时代的重要性就相当于现在的纽约，但是现在，这个城市消逝了，它变成了明信片上的主题，以一便士一张的价格卖给法国殖民地展览会上的游客。当这个城市是文明的中心时，巴黎还是一个遍布气味难闻的不适宜居住的小泥屋的地方，这一切多么奇怪！

湄公河的三角洲地区现在是法国印度支那殖民地的一部分，法国于1867年占据了这一地区，当时他们遭遇了墨西哥远征灾难性的失败，帝国的威望需要吹捧。这里有一个优良的海港——西贡，几千名法国的政府官员在这里期盼着回国的日子，他们渴望能在祖国安心的休息，并且为他们在这里管理这400万印度支那人的艰苦工作而获得应有的荣誉。

印度支那的东方是越南，尽管从1886年起这里就享有法国的“保护”，但这里依然是一个王国。越南内地出产木材，但是这是个多山的国家，而且没有道路，因此这里几乎还没有被开发。

北部的东京（越南北部一地区的旧称）具有更大的重要性因为这里不仅有一条重要的河流——红河，还出产煤和水泥，这里出产并出口棉花、丝、糖。越南的首都是河内，从1902年起，这里就是所有法属印度支那殖民地的政府所在地。法属印度支那殖民地除了以上提到的四个国家还包括内陆一块狭长的土地，叫做老挝。老挝于1893年被法国吞并，我记录下这个仅仅是出于这是重

▲ 新加坡的天际线

要数据的需要。大半岛的最南端被分成了两部分，所谓的“马来西亚联邦”由四个半独立的小公国组成，这四个小公国都处于英国的保护之下，总人口数为50万人，这里有最奇怪的多样化，几乎亚洲任何地方乱七八糟的种族和各种语言都能在这里找到。这里修建了像直布罗陀那样坚固的防御工事，这里也是铁路线的终点站，这条铁路延伸到暹罗的曼谷，但是还没有延伸到缅甸的仰光。当西方和东方之间发生不可避免的冲突时这里会扮演一个重要的角色。因为预见到了会有这样的冲突发生，这里修建起了一批酒吧，它的光彩在全亚洲都颇为著名，每年花费在马赛上的钱跟都柏林市花费的差不多。另一部分是皇家殖民地，官方名称为海峡殖民地。英国想要控制马来半岛的话这里对英国而言有着及其重要的作用，因为这里的山峰中（有一些山的高度达到了8000英尺）蕴藏着丰富的锡矿，这里的气候使得很多种类的热带作物不需要花费成本就能在这里生长，比如橡胶、咖啡豆、辣椒、木薯淀粉和槟榔膏（染料行业的必需品）等。这些产品都从槟榔屿大量出口，槟榔屿地处马六甲海峡边上。人口超过50万的新加坡坐落在一个小岛上，这里可以控制从北到南和从东到西的所有重要的海上通道。

新加坡，又名狮城，其历史几乎跟芝加哥一样古老，它是由莱佛士爵士建造的，当荷兰成为拿破仑帝国的一部分时，莱佛士爵士正在管理荷兰的殖民地，他当时就预见到了新加坡的战略重要性。1819年的时候新加坡只是一片丛林，现在它有了今天这样的面貌。

Van loon geography

房龙地理（下）

第三十七章

东亚大半岛——中国

中国是个幅员辽阔的国家；国境线长达8000英里，几乎与地球直径等长；其国土面积比整个欧洲都要大。

中国的人口占据了地球总人口数的1/5，当我们的祖先仍然把脸涂成淡蓝色，用石斧捕杀野猪的时候，中国人就已经知道怎样使用火药及怎样写字了。只用几页纸就把这样一个国家详细描述出来是不可能的，我所能做的就是给你一张草图，一个大致轮廓。如果你感兴趣的话，你可以随后自己填充上各种细节，因为有关中国的文学作品实在是太多了，足够装满两个或三个图书馆。

中国与印度一样是个半岛，但是这是个半圆形的半岛而不是三角形的。在另外一个很重要的方面它也与印度有很大不同，没有山脉把它与世界其他地区所阻隔。恰恰相反，中国的山脉像一只手上伸出的指向东方的手指，其结果是，中国富饶的大平原一直延伸到了黄海边上，随时都对中亚地区吃苦耐劳的先锋者敞开了大门。

为了克服这一不利条件，中国的皇帝在公元前3世纪（此阶段罗马和迦太

▲ 长城

基人正为地中海的主权而战）修建了一堵庞大的墙，1500 英里长，20 英尺宽，30 多英尺高，从辽东延伸到嘉峪关，嘉峪关在戈壁沙漠边界的正西部。

这座花岗石的障碍很好地完成了它光荣的使命。17 世纪时期满族人攻克了这座堡垒，但是这座屹立了将近 20 个世纪的防御工事不容小觑。我们现在修建的防御工事十年以后就没有用了，还得耗费巨资修复。

中国看起来像一个巨大的圆，南方的长江和北方的黄河把它分成了三部分。北部（北京坐落在这里）有着寒冷的冬季和较为炎热的夏季，这种气候的结果是这里的人喜欢吃小米而不喜欢吃大米。中部地区，祁连山挡住了来自北方的风，所以这里的气候更为温暖，人口也更为密集，这里的人吃大米，他们不知道谷物的样子或从来没有吃过谷物。第三部分，即中国南部，冬季温暖，夏季非常炎热潮湿，这里能够培育生长在热带的所有作物。

中国北部又可以分成两部分，西部的高山区和东部的平原区。西部山区是著名的黄土高坡，这里的黄土是一种土质良好的肥土，看起来是黄灰色，土的渗透性非常好，所以几乎在雨刚接触到土地的时候就消失不见了，河流和小溪把这里切割成了很多深深的峡谷，因此从这一地区的一个地方走向其他地方的困难程度不亚于在西班牙的难度。

▲ 明代中期的北京城区

东部的平原坐落在直隶湾（渤海湾）边上，这里是黄河带来的沉淀物堆积而成的。黄河几乎不能通航也没有好的港口。稍微往北一点是另外一条河流，这条河流比黄河小，但是从通航这一点来说，跟黄河一样没有用处，它有一个盛名就是北京的"芝加哥河"，这就是北京的排水运河，它负责处理中国首都排放出来的污水。

北京是个非常古老的城镇，见证了许多荣辱兴衰。986 年鞑靼人攻克了北京，给北京重新取名为南京或"南部首都"。12 世纪的时候中国人重新夺回了这座城市，但是并没有再次把它作为国家的首都，而是把它变成了一个二流的省会城市，称为"燕京府"。半个世纪以后，另一个鞑靼部落又占领了这座城市，这个部落给这座城市改名为中都，或"中部的首都"。又一个世纪以后，成吉思汗占领了这座城市，但是成吉思汗拒绝在这里过安逸的生活，他依然坚持住在蒙古沙漠中心的帐篷中。但是他的一位继承人——忽必烈大汗却不这么认为。他重新修建了北京城的废墟，并把北京改名为燕京。那个时候北京城的蒙古名字更广为人知，即"甘巴努克"，意思是"大汗城"。

最终这些鞑靼人也被驱逐了出去，一位中国血统的国王，即著名的明代时期第一位国王登上了王位。燕京变成了北京。从那时起，北京就变成了中国政府的中心，但是它与世界其他地方联系很少，直到 1860 年，这座都城以隆重的仪式欢迎欧洲的一个大使以其公职的身份参观，这位大使的父亲曾把古希腊的大理石石雕（即额尔金石雕）献给了大英博物馆。

这座城市在其力量最强大的时期肯定是固若金汤。因为那些城墙有 60 英尺厚，将近50英尺高，由一些塔楼和通道保卫，塔楼和通道本身就是一座堡垒。其内部的城市就像一个中国字谜，又包含了很多小城，一个套一个，这里有一座皇城，一座满族城，一座汉人城，19世纪中期以后又出现了一座外国城。

▲ 义和团战士

1900年的义和团运动爆发以前外国大使都居住在他们自己的正方形小城中，他们的小城位于满族城和汉人城之间。围攻时期过后，外国使节区修筑了牢固的防御工事，并且有不同国家的重兵把守以防再有这种不幸的事情发生。当然了，北京有很多宫殿和庙宇，但是在这里我想请你注意一下中国人和印度人性格中一点有趣的不同之处，这点不同在一定程度上解释了为什么中国和印度除了都是人口过多以外实际上没有任何相同之处。

印度人总是非常重视他们的神，当他们建筑庙宇的时候，这个庙宇一定是规模最宏大、花费最不菲、最豪华壮丽的庙宇。“不花一分于公共设施改进，而花百万于神”！是婆罗门教徒的口号。中国人是佛教徒，但是从最卑微的街头洗衣工到最有权势的官员，每一个中国人都受到了一个精明的古老智者影响，这位智者就是孔子，他在6世纪下半叶就曾对众人讲过他的信条，不要在虚无的有关未来的讨论上浪费时间。中国统治者们完全遵守了孔子“做有意义的事”这一信条，他们把大部分税收用来改善公共设施，用在运河、灌溉大坝、万里长城和整修河道上，至于庙宇和圣坛，他们花费在这方面的钱仅仅能让神灵觉得他们没被冷落而已。

至于古代的中国人，他们是一群很有艺术天分的人。与恒河流域的人比起来，中国人能够花更少的钱达到更令人满意的效果。确实如此，游客在中国的任何地方都找不到什么建筑可以与印度那样庞大的建筑群相比。离北京城60英里的地方有几尊动物雕像守卫着明朝统治者的花园，各处有几尊大佛像，这就是全部了。剩下的那些虽然比例均衡但是尺寸都不大。很奇怪的是，中国的艺术品比印度的艺术品更吸引西方人。中国的绘画、雕塑、陶器和漆器很适合进入欧洲和美洲的家庭，但是印度的作品即使是放在博物馆里也会打破和谐，并且使人感到不舒服。

在现代商业界中中国也具有非常的重要性，因为中国有世界上最大的煤矿和名列第二的铁矿，当英国、德国和美国的煤都消耗殆尽的时候，我们仍然可以去山西省取得温暖。

直隶省的东南部是山东省，山东省是个半岛，它把渤海湾与黄海分隔开了。这部分地区除了黄河平原外其他地方都是山地，黄河原先是向南流入黄海的，但是1852年的时候，黄河突然改道，这次事件告诉我们在中国的洪灾才是真正意义上的洪灾。为了找到与黄河的这种行为相类似的事例，我们可以想象一下莱茵河突然改变主意流入了波罗的海或者塞纳河决定注入北海而不是比斯开湾。黄河从17世纪末到现在已经改道十次了，我们也无法确定现在的河道是否就不会改变了。世界其他地方的大堤和大坝都可以用来保持河流在一定的界限内，但是对黄河和长江这样的河流来说大堤和大坝起不到这样的作用，1852年被冲破的大坝有50英尺高，但是他们像薄纸一样被撕开了。

还有其他因素使这些河流变得如此令人讨厌。你肯定听说过中国人被称为黄种人，你肯定看到过报纸上有关黄祸的文章，等等。我们总是习惯性地由黄色和中国人联想到中国人皮肤的颜色，中国古代的国王称自己为皇帝，意思是自己是这片黄色土地的君主，他们考虑到的不是自己的臣民，而是这些臣民居住的土地。由黄河带来的黄泥把中国北部的一切东西都变成了黄色——河水、海水、道路、房屋、田地和人们所穿的衣服。黄色的尘土把它的名字赋予这个种族，其实这个种族人的肤色并不比西方城市里的居民黄多少。

13世纪时期中国的一位国王为了让他的臣民不用冒险走长长的海路就能从中国北部进入中国的中部和南部而下令建造了一条连接黄河和长江的运河。这条运河有1000多英里长，在1852年黄河改道之前这条运河一直忠实地履行着它的职责，黄河的入海口从黄海改到直隶湾以后，这条运河连同黄河的旧河床一起被毁坏了。这条世界上最长的大运河揭示了这块土地上古老的统治者们都是具有开明思想的人。

现在回到山东半岛，因为这里有坚固的花岗岩海岸，所以这里形成了好几个重要的港口。其中一个叫威海卫，不久以前这个港口还在英国人的控制之中。当俄罗斯人占领了直隶湾对岸的旅顺港并把那里作为海军基地和西伯利亚铁路的始发站时，英国人从中国“租借”了威海卫港。“租借合同”上规定，俄罗斯从辽东半岛上一撤退英国就会从这里撤退。但是1905年日本占领了旅顺港以后，英国仍然驻守着这里。德国人也不甘落后，侵占了胶州湾，然后又向南侵占了青岛市，胶州湾和青岛市都是山东半岛的一部分，这意味着世界大战在远东地区也有影响。英国和德国常常为了并不属于他们的东西而相互争斗，由于这种情况常常发生，所以日本作为第三方，从中获得许多渔人之利。

为了重新获得中国的一点友善，威海卫和胶州湾后来又都还给了中国，但是如果日本强占满洲成功了的话，这个游戏可能又要重新开始一次了。

中国的中东部是一块宽广肥沃的大平原，这块平原实际上是中国北部平原的延伸。但是这块平原的内部是山区，长江从这些山中弯弯曲曲地流下来直至到达东海。长江流经四川省，四川省的面积跟法国差不多大，但是这里却养育了比法国更多的人口，因为这里的红色土壤极其肥沃。几条南北走向的山脉几乎把这里与世界其他地方完全隔离，所以这里遭受了很多痛苦，但是也正因为如此，这里

▲ 中英双方签订《南京条约》

1842年8月4日，英国军舰驶抵南京下关江面，璞鼎查威胁限日定议，否则发炮攻城，这使耆英和伊里布只好全面接受英方提出的停战条款。1842年8月29日，中英双方签订《南京条约》，第一次鸦片战争结束。

几乎没有受到白人的侵略，所以这里很明显地比中国其他地方更为中国化。

顺流而下，长江到达的下一个省份是湖北省，著名的城市汉口就在这个省份中。汉口是1911年革命的中心，正是这次革命推翻了清朝的最后一位皇帝，把世界上最古老的君主制国家变成了共和国。不超过1000吨的轮船可以沿长江而上直至汉口，从汉口往下至上海是中国中部商业贸易的主干道。1840年至1842年，中国和英国之间爆发了一场鸦片战争，这场战争的结果就是上海成为了中国对外贸易的中心，也成了第一批对外开放贸易口岸中的一个。

长江三角洲的南边是杭州市，三角洲的北边是苏州市，苏州这个名字总是使人联想到茶，这种联想是正确的。长江流域地势较低地区土壤十分肥沃，正是因为这个原因，南京（位于长江三角洲开端处）在很长一段时期内不仅是中国中部最重要的城市而且是几任皇帝的居住地。

一部分是因为它过去的历史，一部分是因为它的战略地理位置（处于广州和北京的中间位置），还有一部分原因是它没有受到外国战舰枪炮的直接威胁，在我写这本书的时候（1932年1月2号晚上12点7分）南京还是政府中心，这个政府中心似乎是中国“官方认可的政府”。

中国南部是一片山区，虽然这里出产茶、丝和棉花，但是相对而言这里是比较贫困的地区。这里曾经被森林覆盖，但是森林被砍伐了，土壤也被雨水冲刷殆尽，只留下了光秃秃的岩石。

中国南部最重要的城市是广州，广州是中国最重要的进口港，正如上海是销往欧洲货物最重要的出口港一样。在珠江的河口（广州在内陆离河口几英里

▶ 中国人服食鸦片图

19世纪，英国商人为弥补中英贸易逆差，从印度向中国走私鸦片，最终导致鸦片战争。但是鸦片战争的失败导致鸦片和其它毒品的进一步流毒，直到中华人民共和国成立后，鸦片才基本上被消除。

的地方）处有两块外国领地。右岸的是澳门，它是葡萄牙在中国的殖民地，现在仅仅是一种东方的蒙特卡洛。香港是英国在鸦片战争时期占据的，从那时起香港就归属于英国。

中国南部海岸线以外有两座岛屿，一座是海南岛，仍然属于中国。另一座是台湾，这是中国的领土，曾经被荷兰占为殖民地，从1894年至1895年的中日战争之后被日本占据。

90%的中国人过去是将来可能依然是靠自己种植的农作物生存的农民，当年景不好的时候只好挨饿。48个港口已经作为贸易港口对外开放，他们主要出口丝、茶和棉花。奇怪的是，他们不出口鸦片，中国的皇帝一直努力保护他的人民不让人民染上吸食鸦片的不幸陋习，所以以前的罂粟田慢慢变成了棉花田。

中国比其他任何国家反对铁路的时间都要长，因为他们尊重他们的父母和祖先，他们唯恐火车行驶在铁路上发出的隆隆的响声打扰了故去的这些人的安眠。1875年的时候上海和它的港口——吴淞口之间曾修筑了几英里的铁路，但是这在当时引起了强烈的抗议，所以他们马上停工了。直到今天，中国的铁路都会远远地绕开所有的墓地。到现在为止，实际在用的铁路长度超过1万多英里，济南附近横跨黄河的铁路桥是当今世界最大的铁路桥。

中国的对外贸易有将近60%仍然掌握在英国和英国的殖民地手中，也许这就可以解释为什么英国被迫取消了以前对天朝居民冷酷残忍的政策。如果这些

▶ 鸦片战争油画

勤劳的天朝居民抵制英国货物的话，对英国而言，就意味着每天几百万美元的损失。对一个代表了全人类 1/5 人口利益的客户来说，与他保持友好关系是个好政策。

当中国最早的祖先在过去朦胧的领地最先出现的时候他们就生活在黄河边的黄土地上，他们那时候居住的土地在现在中国中心区域的西北方。农民对这里肥沃的土地很满意，此外，这里的土地也解决了住房问题，因为人们可以选一座合适的山，在这座山的一面给自己挖一间房子，而且这样的房子不用担心墙壁漏风或屋顶漏雨。

根据熟悉这里的旅客的可靠的描述说，众所周知，这里是人口稠密的地区，但是在晚上这里根本看不出来一点有人类居住的痕迹，直到地平线上出现了第一缕阳光昭示新的一天已经到来的时候，就像一大群兔子挤出来享受阳光一样，这里的男人、女人和小孩开始了他们没完没了的收集食物的工作，直到夜幕降临，他们又一次消失在了地面深处。

人类占据了这些山地以后又开始向东进军，汹涌的黄河携带着几百万吨肥沃的山地土壤冲进平原地区给这些地区施肥直到这里又可以养活几百万口人。人类跟随着河流而动，在公元前 20 世纪的时候（罗马成立之前 1500 年）中国人就已经远及长江流域，他们的帝国中心也从黄河流域搬迁到了中国中部大平原。

▲ 中国圣人孔子

在耶稣出生之前的第 4 世纪和第 5 世纪期间，中国出现了三位伟大的道德导师，即孔子、孟子和老子。在这三位先知出现以前中国人的宗教观念是怎样的，我们不知道。大自然作为一种促进万物生长的力量总是受到人们的尊崇，尤其是那些依靠自然得以生存的人更是会永远崇拜自然。同耶稣、释迦牟尼、穆罕默德比起来，孔子、孟子、老子与前三者有很大不同，因为后三者都不是宗教创始人。

他们的道德法规是基于这样的理念：人只是

造物主创造的低等的并不辉煌的作品，但是只要有勤劳的双手并且愿意听取年长者和优秀者的箴言就可以取得很大的成就。从基督教的观点看，这三个人完全可以因为散播世俗的、很显然是物质享乐主义的学说而遭到控告。这三个人没有一个人讲很多关于谦逊和温顺或者劝诫我们应该以善良回报邪恶。因为他们知道普通人不可能做到这样高尚和有修养的行为。此外，他们似乎还怀疑这样引导式的统治对大多数民众来说是否是最好的统治方式。他们指出，邪恶就应该得到公正的制裁，善有善报，恶有恶报，人要信守诺言，要尊重可敬的先人。

这三位中国的哲学家散播德行理念的范围并不太广泛，但至少每个人都会受到一点影响。我不是想说这套体系与西方的体系相比是更好还是更差，但是这套体系确实是有一定的优势的，这套体系给这群4亿个不同的个人，讲几十种不同方言（来自北方的中国人试图理解来自南方的中国人就像瑞典人试图跟意大利人谈话一样困难），居住在完全不同的环境下的人民一种共同的东西——以一种果断的态度面对生命中的荣辱沉浮，形成一种对生存来讲很实用的人生观，这种人生观使中国最卑微的苦力也能挺过所遇到的艰难困苦，而这种艰难困苦可能会毁灭了欧洲人或美国人或使他们自杀。

这些思想很简单，几乎每个人都能理解。作为证据，你可以看一下中国5000年文明中发生的奇迹般的同化现象。这些事很荒谬同时令人难以置信。10世纪时期，中国变成了曾经存在过的最大的王国——蒙古共和国的一部分，当时蒙古共和国的领土从波罗的海延伸到太平洋，但是所有的蒙古统治者都像忽必烈一样，最终变成了中国人。蒙古国的统治结束以后就是明朝（1368年至1644），明朝是最后一个统治这个国家的汉家王朝。继明朝之后，一个鞑靼王子来到这里建立起了清朝。虽然作为归顺于满洲统治者统治的象征，中国人被迫把头发留长并且梳起了辫子，把头上其他地方都剃光，但是很快这些满洲人变得比中国人还像中国人。

最后一次满洲人入侵以后中国得到了一段太平时期，他们只需要保卫他们的海港免受所有来自西方的外国人入侵就可以了。中国的文明得到一个稍微安定一下的机会。但是文明一旦停止发展，国家就会比我们听说过的任何国家麻木得都更彻底。中国的政治体系变得比俄罗斯革命之前的体系更死板，文学止步不前，甚至是无与伦比的艺术也变得像古老君士坦丁堡的拜占庭镶嵌画一样老套，科学再也没有做出任何进步。如果一个人偶然发明了一些新东西，这些新发明马上就会因为愚蠢和讨厌而被抛弃，就像我们军队的医药部门劝阻使用三氯甲烷（用作麻醉剂）仅仅是因为三氯甲烷既是新事物又很愚蠢的缘故。因为他们完全与世界其他地方隔离了，没有机会知道其他国家正在做什么。这样很容易就使中国人相信，他们的秩序是最好的，他们的军队是不可战胜的，他们的艺术是人类所能创造出的最伟大的艺术，他们的风俗习惯比其他所有国家都要优越，因此拿他们与其他国家相比是很荒唐的。很多其他国家也曾试着以温和的方式实行这种排外政策，但是最终总是以灾难性的结局而告终。

从 16 世纪早期起，中国允许几个来自葡萄牙、英国、荷兰的“洋鬼子”为了与欧洲贸易获得利润的缘故在两三个太平洋的港口定居下来。但是那几个不幸的外国人的社会地位很低，他们所得到的待遇就像一位体面的、有色人种的医生恰好和弗吉尼亚州第一批移民者的后代坐到了同一条船上。

1816 年，英国派阿默斯特勋爵（杰弗里的侄子，这个人曾于 1817 年在圣赫勒拿岛拜访过拿破仑）请求天子改善一下英国商人在广州的悲惨境遇，但是他被告知，与天子陛下的会谈取决于他是否愿意在天子的宝座前叩首。叩首，字面上的意思是“在神圣的宝座前以头部碰击地面三次”，这样的事情荷兰的船长可以做，因为他知道一旦他在接待室外面叩首以后，他就可以把大量的茶或香料带回家，后半生都可以过上舒适的生活了。但是作为英国陛下的代表情况就又有所不同了，阿默斯特勋爵拒绝叩首，结果他连北京城的大门都没进去。

与此同时，欧洲因为詹姆斯·瓦特发明了蒸汽机而变得富裕起来，他们把蒸汽用于开发地球，叫嚣着要征服新世界。中国理所当然地名列榜首，对于骄傲的白人来说，爆发战争的直接原因并不光彩，至少有一部分是这样的。1807 年，莫里森博士作为欧洲第一位传教士到了广州，他告诉中国人基督教是多么好，并且给他们讲为什么他们应该给基督教一个机会。即使是那些书生气的，见识短浅的中国官员也知道用孔子之道教育人民，不让人民无休止地进口鸦片，但是英国东印度公司卖给长江流域和黄河流域的人罂粟种子，并从中获利几百万英镑。英国东印度公司坚持要把鸦片输入中国，但是中国当局拒绝让鸦片登陆，

◀《时局图》

《时局图》暗指19世纪末中国遭列强瓜分的情景。图中以熊表俄国，狮表英国，蛙表法国，鹰表美国，日表日本，德国旗帜表德国，雄踞位置代表势力范围。左方的中国人代表青年只专注文武科举、人民吸食鸦片、官员贪钱与富翁奢华。

鸦片和受伤的感情导致了1840年鸦片战争的爆发。在这场战争中，中国吃惊地发现，他们完全不是这些被他们看不起的外国人的对手，在几个世纪的与世隔绝以后他们落后于其他人那么多，他们是否能够迎头赶上是件很值得怀疑的事。

这种恐惧最终变成了现实，从灾难性的鸦片战争以后，中国完全听任西方人摆布。一向只顾埋头耕作和收割，即使有人在邻近田里打斗也漠不关心的中国人有时从一些现实的迹象中也开始意识到他们的国家出问题了。第一次不满在80年前爆发了，中国人把灾难的根源归咎于“外国”满洲王朝的统治，于是他们发动了一场解放自己的反叛运动。

当清政府忙于对英国和法国之间的战争时，中国南部爆发了一场所谓的“太平天国”运动，他们剪掉了自己的辫子也不再剃头。帝国的军队最先由一个叫华尔的美国工程师领导，后来由一个叫戈登的英国人领导，戈登是一个虔诚的基督教徒同时也是一个知识渊博的神秘主义者，对于被误导了的可怜的革命者来说，帝国军队的力量太过强大了。革命者选举出来代替清朝统治者的“皇帝”在南京城的住处和他所有的妻子和妃子们一起自焚了。成百上千的人被处决了。之后戈登返回英国，他在不操练军队的闲暇时间里一直致力于慈善和虔诚信教的事业以及为他悲惨的结局做准备，有关他悲惨的结局你会在有关非洲那一章了解到。

1875年，清政府和德国在意见上有点分歧，德国派遣一支军队以清除中国海岸线上的海盗为由进驻中国。1884年至1885年中国与法国之间的一场战争使中国失去了越南和东京湾。1894 年中国和现在已经彻底欧洲化了的日本之间爆发了一场战争，中国失去了台湾。

然后开始了欧洲人对军火和战略要地的争夺，俄罗斯人占领了旅顺港，英国人夺走了威海卫，德国人占据了胶州湾，法国人占领了湄公河左岸的金兰湾，美国人的外交政策中总是掺杂着一种很复杂的情绪(哎呀，常常是，多愁善感！)，他们只是模糊地要求“门户开放”，欧洲各国把窃来的地区变成了坚不可摧的堡垒，无论何时大洋那边的美国看过来（当然不仅是看）的时候都是门户紧闭。

虽然中国人天生吃苦耐劳，但是他们也开始意识到他们在两边都受到了欺骗这样的事实。他们再一次把他们所有的耻辱和苦难都归咎于满清政府的统治。

▲ 1900 年的八国联军

他们于 1901 年发动了义和团运动，他们以谋杀德国大使（他们找的借口是这位德国大使先动手攻击了一个中国人）开始了他们的行动，然后又围攻了北京城内的外国公使馆。因此一支由俄罗斯、日本、英国、奥地利、德国、意大利、法国和美国士兵组成的军队挺进北京，减轻了外国居住区居民被不断围攻的痛苦，并把大使和他们的家人们救了出来。作为报复，这支八国联军在北京城大肆劫掠，北京城以前从未被劫夺过。八国联军还强行闯入了帝王居住地的中心——紫禁城。他们没有放过任何东西，无论这件东西对中国人来说多么神圣。

德国司令和 2 万名士兵（射杀行动已经结束了，但是掠夺活动仍在进行）得到他们君主的指令“沿着匈奴人的脚步前进”，这是老威廉皇帝执政期间发出的最糟糕的命令，十几年后他就自食其果，曾经沉迷于劫掠活动的他现在不得不忍受孤独地在荷兰伐木的痛苦。

中国被迫付巨额赔偿金，好斗的欧洲邻居也极尽所能羞辱中国，这使中国人于 1911 年再次发起了反对政府的起义运动，这次起义获得了成功，清政府被废除，中国变成了共和国。

这一次，中国人认识到了这样的事实，西方国家并不是对孔子写的书感兴趣，他们更想要的是煤、铁和石油的特权，如果想要这些宝贵的原材料绝对安全的话，就要知道怎样保卫他们的所有权或者把它们沉入海底。简而言之，中国开始意识到要以日本为例学习“西方化”。于是中国从世界各地请来了老师，但这些老师中大部分还是来自附近的日本。

与此同时，俄罗斯已经开始实施他们雄伟的计划，要把占地球面积 1/6 的国家变成工业化国家，要按照马克思主义的思想来统治这个国家。同时，俄罗斯作为中国的近邻可以悄悄把一些奇怪的话传进中国这些长期受苦受难的苦力耳中。这些苦力生来就要辛苦地工作，无论是谁统治他们或者是否他们被英国或法国或日本剥削。

世界大战以后所有相互冲突的思想、计划和感情在中国形成了一种混乱的局面，中国被迫加入了同盟国，在纷杂的争吵中，中国和以往一样，不仅什么也没有得到反而失去了很多。

我不是先知，我不知道在未来的 10 年或 15 年内将会发生什么事。情况也许不会有太大改变，因为可怜的中国人想追上大部队的努力做得太晚了。但是如果中国迎头赶上了，我们还要祈求上帝能够怜悯我们，因为不知道到时候我们将要付出什么样的代价！什么样的代价啊！

Van loon geography

房龙地理（下）

第三十八章

朝鲜与蒙古

让我们以一节简短基本的实用经济学课程开始。

日本人被禁锢于他们的小岛上，他们也像多余的意大利人一样需要更多的土地。世界上所有的漂亮话，世界上所有的协议，所有意义深重的讲座，所有善良的夫人和绅士都不能改变这一现实。因为这确实是一条自然法则，这条法则是这样的：当我很强大但是又很饥饿的时候，如果我同一个很虚弱但是有满满一口袋火腿三明治的人，共同坐在海中的一条木筏上，最后我将得到一些火腿三明治，或者我会死于这样的努力。如果我是一个正派的人，由惧怕上帝的父母小心地抚养长大，也许我能在一天两天甚至三天的时间里抵挡住诱惑，但是随着时间的推移我最终会说："给我一些三明治，否则我就把你扔下船去，快点！"

我早期受到的教育使我能或多或少的对待这个三明治的拥有者慷慨一点，我允许他还拥有一部分三明治。但是如果不把他杀了的话我还要继续忍受肠胃痛苦的折磨。把木筏上那个男人所拥有的资产增加，如果他拥有 100 万或 1000

万的话，你就能体会到日本人所面临的问题了。

日本的国土面积比加利福尼亚州的面积还小（加利福尼亚州的面积是155652平方英里，而日本的国土面积是148756平方英里），只有1600万英亩的土地适合农耕，这连美国可耕地面积的2%都不到。如果你想要一个离我们更近的参照物的话，你只要想象一下，这点面积比纽约改良过的农场面积还要少。即使有世界上最好的农业专家的帮忙你还是可以意识到这些生活在岛上的可怜的平民面临着怎样的难题。当然了，他们在靠近海岸的地方生活，可以捕鱼，但是即使到了他们在稻田里养一些特定种类的鱼的地步难题依然没有解决。鉴于他们的人口以每年超过65万人的数量增长这样的事实，这个难题也是不可解决的。

因此，日本要寻找更多的土地是不可避免的事，日本人首先想到了中国，海对面那块经营不善且被人忽视的土地。美国当然更适合日本的胃口，可是美国太远而且也太强大了。澳大利亚也太远了，而且那块大洲上9/10的土地都是没有任何用处的沙漠。但是满洲就很容易到达，而且有朝鲜半岛充当了通往满洲的大陆桥，日本大陆与朝鲜半岛之间仅有一条狭窄的朝鲜海峡相隔。这条海峡仅有102英里宽，海峡中间又有日本的对马岛把这条海峡分成了两半。1905年日本的舰队在对马岛附近摧毁了俄罗斯军队，消灭了俄罗斯这个东亚地区潜在的对手。

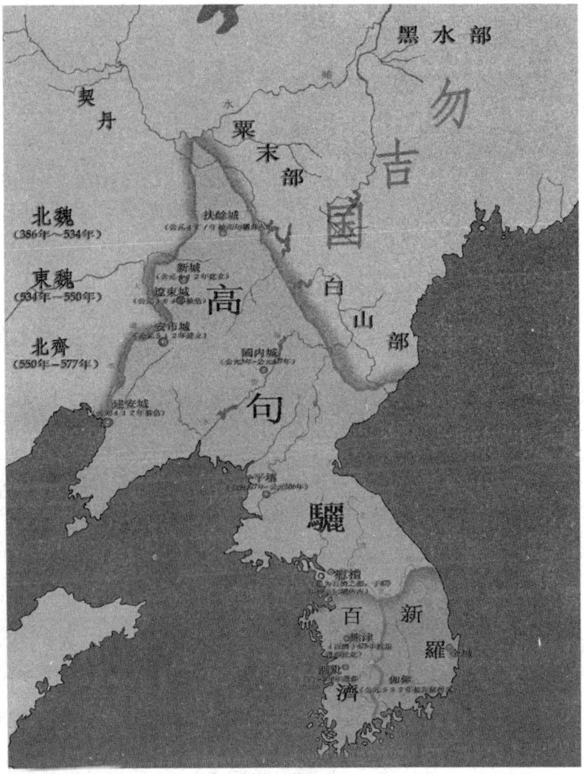

▲ 公元476年的朝鲜三国

朝鲜半岛与意大利南部和西西里岛处在同一纬度，但是这里的气候更为寒冷，这里也没有天然的屏障保护自己。朝鲜人给自己的国家取名叫朝鲜，意思是“有着宁静早晨的土地”，这里的居民是中国移民的后裔，中国移民曾在基督出生前的12世纪占领了这个国家。他们很容易就打败了本地人，本地人是很原始的部落，他们依然居住在洞穴和山中的地下通道内。来自朝鲜西方的中国移民就在这里建立了一个自己的王国，但这个王国从来没有从自己的母国——中国获得完全的独立。这个国家也一直受到日本海盗的骚扰。

1592年日本第一次企图占领朝鲜，如果没有做好十足的准备日本是不敢贸然发动这样的战争的。日本从葡萄牙买了数百支大口径火枪，凭借精良武器这一优势，日本派出30万士兵横渡朝鲜海峡，这场战争持续了五年，最终以日本的战败而告终，因为朝鲜请来中国人作为援军，而中国军队以人数众多的优势赢得了这场战争的胜利。

在这场战争中，朝鲜的首都汉城被毁灭了，在这场战争中日本军队还犯下了很多令人发指的罪行，这就是为什么世世代代的朝鲜人都憎恨日本一切事物的原因。但是为此你又能做什么呢？朝鲜弱小，日本强大。当19世纪最后的25年里，朝鲜被迫对俄罗斯做出各种政治和经济方面的让步时，日本又找到了再次发动战争的好借口。

发动战争的直接原因并不怎么有趣，隐藏在背后的动机才是战争爆发的最终根源。包括1592年的那场战争，最直接最根本的原因就是日本政府需要给他

◀ 朝鲜传统房屋

们国家迅速增长的人口提供粮食。

日本打败了俄国，把莫斯科的军队赶出鸭绿江（鸭绿江是朝鲜和满洲的分界线）以外后，朝鲜变成了日本的保护国。1910年，朝鲜和台湾一样变成了日本帝国的一部分，台湾是日本于1895年从中国夺走的。库页岛的南半部分是1905年的日俄战争之后，日本从俄国取得的战争赔偿。到现在为止已经有50万日本人搬进朝鲜跟2000万朝鲜人生活在一起，随着时间的推移还会有人陆续搬进朝鲜。

蒙古是个非常大的国家，国土面积将近140万平方英里，是英国群岛面积的11倍，人口将近200万。南部地区是不可居住区，因为这里是构成戈壁沙漠的一部分，其他部分由草地构成，这里是繁殖牲口的好地方。蒙古人的成就主要依赖于他们的骑兵队，现在他们再也不可能骑着他们坚强的小型马，骄傲地从太平洋走到大西洋了。

许多人听到“日本人的野心”这个表达时，都会十分愤慨，如果亚洲北部这块安全阀门不存在的话，菲律宾、荷属东印度、澳大利亚、新西兰和美国的西海岸将永远面临被日本侵略的威胁，我们也不得不在波利尼西亚的每一座岛屿前，部署一艘战舰，免得这座岛屿在晚上被日本的巡洋舰“拖”走了。

从整体上来说，现在的这种布局似乎更有利。如果谁听了我这番冷酷无情而又自私的话想要流泪的话，请在我们的印第安人肩膀上哭泣吧。

▲ 蒙古包营地

蒙古国原是中国的一部分，1924年11月26日成立蒙古人民共和国。1992年2月12日国名改为蒙古国。它是一个内陆国，东、西、南皆与中国交界，只有北面与俄罗斯接壤。蒙古国经济基础非常薄弱，国民经济相当落后，它的支柱产业一直是畜牧业。

Van loon geography

房龙地理（下）

第三十九章

日 本

日本在没有侵占邻居们的领地以前，由500多个小岛构成，相当于从欧洲的北部海角到非洲的撒哈拉大沙漠中心的长度。

这些岛屿的面积就像英格兰、苏格兰和曼哈顿一样是面积不等的，6000万口人居住在518个岛屿上。根据最新数据表明，日本的总人口数超过了9000万，其中包括2000万朝鲜人和一些波利尼西亚岛上的居民，几个波利尼西亚岛在最近的一次世界大战之后变成了日本的领地。

从实用的角度来说，记住以下几个名字就足够了。本州岛，中间位置的主要岛屿。北海道，位于北方的第二大岛。四国岛和九州岛，位于本州岛南部的两个大岛。首都是东京，有200万居民，坐落于本州岛中部肥沃的平原上。东京的港口是横滨。

日本的第二个大城市是大阪。位于本州岛南部，是日本重要的纺织业中心。大阪北部的城市叫做京都（东京的拼写是Tokyo，京都的拼写是Kyoto，只要把京都这个单词的字母调换一下位置就能得到东京这个词了），京都是日本以

▲ 东京彩虹桥

前的首都。其他城市的名字你可能偶然会在报纸上看到，比如说，神户，它是大阪的港口。长崎，位于南部的九州岛上，对所有来自欧洲的轮船来说，这里是最便利的港口。

至于江户这个词，你可能经常在历史书上看到。江户是东京以前的名字，那时候这里是幕府的居住地。1866 年，幕府的权势尽失，天皇从京都搬迁到了江户，并把江户改名为东京。从那时起，东京取得了不同凡响的发展，现在已经成为了现代世界最大的城市之一。

但是所有这些城镇都一直生活在被彻底摧毁的危险之中，日本的岛屿仅仅是亚洲大山脉的外部边缘（日本海，浅浅的黄海和东海的历史都不悠久，都跟把英格兰变成了一座岛屿的北海一样）。从哈萨林岛延伸到荷属东印度群岛中的爪哇岛这一段是火山带，而日本群岛是组成这条火山带的一部分。这条火山带一直处于不断的运动状态。地震仪观察的数据表明，日本在 1885 年至 1903 年间共发生了 27485 次地震。平均一年 1447 次或一天 4 次。当然了，这些地震中大部分是没有什么特别重要性的小地震，茶杯有一点轻微的颤抖或椅子碰到墙发出吱吱嘎嘎的声音，仅此而已。但是当你看到京都的事例时你就能理解这片岛区面临的是怎样的危险了。古代时候的首都——京都，在它存在的 10 个世纪内经历过 1318 次地震，在这 1318 次地震中，有 194 次可以归类到“强地震”中，还有 34 次地震完全是“毁灭性”的。1923 年 9 月的一次地震几乎完全毁灭了东京市，在这次地震中，超过 15 万人丧生，有几个小岛只有几英尺还露在海面上，其他部分都被海水淹没了。这次地震就发生在不久以前，所以我们都还记忆犹新。

人们常常把地震同火山活动联系在一起。毫无疑问，一些地震的确是火山爆发的结果，但是在我们生活的土地之下的岩层的滑动也会引发地震。这些岩层只移动两英寸或三英寸的话，造成的骚动可能只能影响到几棵树和一些灌木，但是如果这点骚动正好发生在恰当的位置（也许说不恰当的位置更好一点），可能会造成1755年里斯本发生的灾难，在那场灾难中6000人丧生。或者会造成1920年中国广东那样的强地震，在那场地震中，死亡人数高达20万。根据一位最杰出地震学家的保守估计，过去40个世纪——即人类所谓“历史时期”发生的地震，已经造成了1300万人口的死亡，1300万，这确实是一个相当可观的数字。

▲ 1923年遭到地震摧毁的日本横滨市区

当然了，地震可能会在任何地方发生。一年前，一场地震剧烈地摇晃着北海的海底，斯凯尔特河和莱茵河河口处小岛上的泥滩也发生了剧烈的震颤，那一刻泥滩上的挖蛤人惊恐不已，而北海地区仍然像烙饼一样平坦宁静。从另一方面说，日本群岛位于高山脊的顶端，而这条山脊的东部沉入了我们的科学家现在所能找到的海底最深的洞里。著名的塔斯卡罗拉海沟深达28000英尺，仅比世界上最深的马里亚纳海沟浅6000英尺。日本所有灾难性的大地震中有一半以上都发生在东部海岸沿线（这里的海岸陡然下降了大约六英里），这就不能仅用巧合来解释了。

日本人像大部分生活在地震带上的人一样，几乎没有因为他们的安全永远受到威胁而失眠。他们也同我们一样，耕田、与孩子嬉戏、吃饭、看到查理·卓别林的表演时放声大笑。多年的经验使他们学会建造一种纸板房，虽然在冬天可能会透风，但是在遇到地震倒塌下来的时候会给房主造成最小的危险。当然了，如果他们想要模仿西方建造摩天大楼，就像他们在东京所做的那样，到时候损失就会上亿。但是一般说来，日本比其他任何国家都能更好地适应地质上的这种不利条件。一般说来，他们似乎比西方的大部分国家都更成功地把生命变成了一种更和谐更令人愉快的冒险活动。我并不是在想象一张漂亮明信片画着的一位艺妓正在樱桃树下喝茶的画面，也不是蝴蝶夫人的玩具花园，我只是重复所有旅客告诉过我的话，这些旅客是在日本改变以前游览日本的。现在日本放弃了祖宗传下来的风俗、习惯和礼节（礼节似乎尤其细致）试图把他们的群岛变成芝加哥和威尔克斯——巴里的郊区。从旧日本到新日本令人难以置信的转变对我们的安全和幸福有着决定性的影响，而且会以不断增长的方式持续影响我们，不管我们是否喜欢我们都应该了解一下这些人，因为只要太平洋不枯竭，他们就永远是我们的邻居。

日本不如中国历史悠久，中国的历史可以追溯到公元前2637年（大约是基奥普斯修建金字塔的时候），但是日本最古老的编年史只能追溯到公元400年，那时，现在所谓的日本民族就已经存在了。严格地说，没有“日本民族”，因为，跟英国一样，日本的民族是个混合民族。这里最早的居民是阿伊努人，他们逐渐被三股相继而来的侵略势力驱赶到了更为偏远的北部小岛上。这三股侵略势力分别来自中国南部和马来半岛、中国中部、满洲和朝鲜。因此，日本最早的文明其实是中国文明的延伸。日本人知道他们都从中国人那里学到了什么。

▲ 日本法隆寺五重塔

当日本像中国学习并且允许国人信仰佛教时，两国的关系更为密切了。当一种新的宗教代替了老的宗教时，新的宗教不可避免地会在一定程度上受到老宗教的影响。这是所有传教士都应该了解的规律，无论他传播的是基督教、伊斯兰教还是佛教。

第 位宣扬佛教的佛教徒于公元6世纪时期到达日本，他发现日本已经形成了一套自己的宗教体系，这套体系是在本土上发展起来的，所以非常适合他们的需要。这种宗教被称为“神道教”，神道这个词的意思跟我们所说的“神圣的道路”意思是一样的。跟亚洲其他地方盛行的对鬼和魔鬼的尊崇相比，这是一种更为高尚的宗教。它承认世界是一种不可摧毁的力量，教导我们要为我们利用这种力量所做的任何事负责任，因为无论我们造成的结果多么微不足道，这都将成为一种永恒的结果。现在日本官方认可的宗教是一种佛教和神道教的混合体。它着重强调了每个人对大部分公众的义务。跟英国人一样，日本人实质上也是一种岛上居民（不一定是褊狭的人），他们有一种诚挚的，深植于内心的坚定信念，那就是他对他们的国家负有某种确定的责任。神道也强调要敬重祖先，但他们并没有把这种敬重执行到像中国那样荒唐的地步，中国人对祖先的敬重使得他们把中国的很多地方都变成了广阔的墓地，在这里，死人统治着活人，墓地占据了本来应该用来种植粮食维持活人生存的土地。

直到16世纪后半叶中国文明和日本文明之间产生了很大的分歧。经过无休止的争吵和战斗以后，很多独立小公国的统治者们对他们天皇的尊重还不如一位罗马帝国的骑士对他的皇帝的尊重，政府最终落入了一位很有权力的人手中。

800年前，在遥远的欧洲，古法兰克国王的主要官员或者说议会管理人员把他们的主人推进了修道院，然后他们自己开始统治这个国家。因为他们的统治确实优于他们取代的老国王，所以没有人提出反对意见。日本人民已经忍受了将近4个世纪内战的折磨，因此，只要能得到和平，他们不在乎是谁统治他们。所以当帝王宫廷中的最高长官，既富有又有权势的德川家族的首脑成为这

▲ 德川家康

德川家康（1543年1月31日—1616年6月1日），日本战国三英杰之一，杰出的政治家和军事家。

个国家的独裁者时，没有人反对或者赶来保卫他们世袭的天皇。这位最高长官把他们的天皇提升到了神的地位，天皇成了所有日本人的精神之父。但是作为如此遥远的精神典范，他必须永远与他的大部分民众保持距离。

这种格局持续了将近两个世纪，幕府将军（这是独裁统治者的头衔，这跟我们国家“总司令”的意义相同）在东京进行他的统治，天皇在京都安静的宫殿里，花费不菲的屏风后消磨他们的时间。在幕府统治时期，日本建立了严格的封建体系，这种体系对日本国民的品性产生了深远的影响，即使在工业化 80 年后的今天，日本人从内心深处来说还是封建主义者。他们与欧洲人和美国人思考生命问题的角度完全不同。要使这种新格局的细节更加完善还要花费一段时间。1600 年以后，日本社会分成了三种完全不同的阶层。最高等级是“大名”，其成员是封建贵族和大地主。第二阶层是武士，他们是世袭的战士，相当于中世纪时期欧洲的骑士。其他人属于第三阶层，被称为“贱民”，也就是平民。

这种体系并不理想，但是历史告诉我们，大部分人对政府的任何理论都没有太大兴趣。所有平民只是这样问：“这个政府行吗？它能保证我的和平和安宁吗？它能保证我通过自己的努力和汗水所获得的任何东西都能真正属于我吗？没有人能不经任何法律程序就把我的劳动所得从我这里夺走吗？”

在两个多世纪的时间里，这个政府确实做到了这些。幕府将军被承认是日本的政治领袖。天皇作为国家的精神领袖得到尊崇。大名和武士被迫履行一种严格的“位高则任重”的法规，他们要么选择做他们应该做的事，要么就得选择在庄严的切腹仪式上剖腹自杀。其他的臣民在不同的行业和领域辛勤劳作。

即使那样，国家也开始变得有点过分拥挤了。人民常常靠微薄的收入勉强度日，他们在生活方面总是要求适度，注重节俭，从不追求过多的东西。大自然是个忠实的朋友。从荷属东印度北部赤道地区发源的黑潮（意思是蓝色的盐流，即日本暖流）流经菲律宾、日本，然后跨越太平洋，把上帝的恩赐带给美洲西海岸。它也给日本带来了温和的气候。日本东海岸外面一条狭窄的冷水带使得日本的气候不能像加利福尼亚州的气候那样温和，即使如此，日本的气候还是比中国大陆的气候好得多。

在葡萄牙航海家门登斯 · 平托到达这里之前，这个享受天国赐福的群岛上的一切都正常合理地发展着。但是门登斯·平托因为迷失航向而来到这里打乱了整个日本的历史发展进程。因为葡萄牙人不仅访问远处的国家同这些国家贸易往来，还把他们的宗教体系也带到了这里。

首先（除非所有的编年史都同意在这一点上撒谎），这些基督教的传教士（他们的总部在印度的果阿和中国广州附近的澳门）在日本受到了极大礼遇，他们得到很多机会解释他们的宗教比统治日本这么久的本土宗教有哪些优势，他们传播他们的信条使很多人皈依了基督教。然后从附近隶属于西班牙的菲律宾群岛上也来了一些不同宗教团体的传教士，他们也在日本受到了欢迎，但是幕府将军渐渐为这些人的出现感到不安了，因为他发现（为什么当地官员没有尽早发现呢？）这些虔诚的传教士身边总是有一些不太虔诚的人陪伴，而这些人总是身着铁甲，带着奇怪的铁棒，这些奇怪的铁棒可以射出沉重的铅弹，一次就能射穿三个日本士兵。

在过去的50年里我们才理解了日本人对发生的这些悲惨事件的观点。这些事件给日本人带来了冷血残酷的名声，这与我们从其他地方了解到的大不相同。幕府将军决定拒绝基督教传教士再在日本进行任何活动，对基督教传教士关上了日本的大门不是因为幕府将军突然不喜欢来自西方的这些人了，而是因为害怕，他害怕整个国家会被宗教斗争拆散，害怕国家财富会被那些既是船长又是商人的人夺走，那些人总是带着和平和美好祝福的信使来到日本海岸，然后带着没有付款的货物离去。

耶稣在九州岛的影响力最大，九州岛是离葡萄牙人在中国的居住地最近的地方。起先神父还会谦逊地讲述耶稣教义，得到较高的地位以后就开始毁坏日本的庙宇，破坏日本人的偶像，用枪逼迫数千个农民和贵族接受了十字架。

日本一个有权势的人看到这样的局面以后意识到最终不可避免的结局会是什么样的，他说："这些神父来到这里宣扬美德，但是他们的美德仅仅是掩饰他们对我们帝国不良企图的工具。"

1587年7月25日，在第一个日本大使对罗马教皇、西班牙和葡萄牙的国王表达了自己的敬意五年以后，所有的基督教神父都被驱逐出日本的国境。允许商人访问日本，但是前提是要在政府的监管之下。葡萄牙传教士离开以后他们的位置马上被来自附近菲律宾群岛上西班牙的方济会和多明我会占据了。他们假扮成来拜见丰臣秀吉的特别大使，虽然诡计最终被人识破。但是他们还是受到了日本人谦恭有礼的接待只是被告知不能传教。但他们违背了这一命令在江户修建了一所教堂为各地的人施洗。接着他们又在大阪建起了一座教堂。其后又在长崎挪用了一座原来属于耶稣会的教堂。最后他们公开攻击他们的对手——耶稣会，指责耶稣会向日本人传播福音的方式太过具有和解性。简而言之，他们犯了职业狂热者在判断和鉴赏力方面所能犯的所有错误。最后，他们被日本政府强令驱逐出境，但是他们在几乎刚被驱逐出去的时候马上就又返回来。经过数年无效的警告之后，日本人最大程度的忍耐和宽容也被这些不受欢迎的西班牙人耗尽了。最终日本人得出一个结论：除了最极端的措施，没有什么可以拯救自己了。

与其看着400年前给国家造成巨大灾难的内战重复上演，不如自愿对所有进一步的外国侵略关上国门，所有无视法令的基督教传教士只能走向死亡。

在一个半世纪的时间里，日本自愿保持着与世隔绝的状态，几乎是，但不完全是。一扇小窗保持着与外界的交往，日本大量黄金通过这扇小窗流向西方，少量的西方科学通过这扇小窗渗透进了这个奇怪国家的内部。荷属东印度公司曾在对日贸易方面是葡萄牙的对手，但是荷兰人是单纯而简单的生意人，他们几乎不关心其他人的灵魂。英国人也是如此。在很长一段时间里，英国和荷兰为了日本市场彼此之间展开较量，但是英国人在这场竞争中因经营不善最终惨败。

日本处决完了一系列葡萄牙派到日本的外交代表团中最后一个成员后（这其实是不可原谅的官方谋杀），荷兰也被夺去了很多先前享有的特权，但是只要他们在日本的企业每年付给他们的红利接近80%，他们就会坚持下去。他们被迫居住在一个叫出岛的小岛上，这个小岛是个长300码，宽80码的矩形石块，位于长崎港中，这座小岛几乎不够训练他们随身带来给他们做伴的狗。日本不允许他们带妻子来这里也不允许他们踏进大陆一步。

他们这一次一定锻炼出了天使般的耐心（不是民族特性），因为日本当局制订了上百条法规，哪怕稍有违反都会立即遭到报复。有一天东印度公司决定建造一座新仓库，按照当时的惯例，将建造时间印在了仓库的正面，并在时间前面加上了通常的前缀“A.D.”（公元），因为这个符号直接涉及到基督徒的上帝，日本人注意它就像我们注意刚从莫斯科来的布尔什维克煽动者一样。幕府将军下令不仅要移走这个令人不快的字母，还要拆毁这栋建筑物，把它夷为平地。并提醒荷兰人记得把葡萄牙人驱逐出境的严酷法令，最后给荷兰人留下了这样的话，只要太阳还照耀着大地，就不会让任何基督徒胆敢来到日本，所有人都要知道，即使是菲利普国王或者基督徒的上帝胆敢违反这一命令，他们都要以他们的人头为代价！荷属东印度公司的官员似乎把这次教训铭记在心，因为荷兰人继续在出岛居住了217年。在这217年间，日本的金银持续流出国外，因为荷兰人坚持现金结账，无论日本人从国外订了什么货都要货到付款。

通过这种方式，欧洲人从这些太平洋的隐居修道士口中了解到一点有关日本的信息，所有说法都一致认为日本帝国的情况差强人意。日本很快变成了一种学说的范例，那就是，没有哪个国家能够指望完全依靠自己实现自给自足。到最后，日本的青年人开始变得越来越难以掌控。他们模模糊糊听说了一些有关西欧神奇科学的故事。他们通过出岛接触到一些有关科学和医药的著作，他们又通过古怪的荷兰字母了解到世界的大部分地区都在以惊人的速度进步，只有日本止步不前。

1847年，荷兰国王送给江户宫廷满满一箱科学书籍作为礼物，其中还有一张世界地图，提醒日本别做进一步与世隔绝的愚蠢行为。与此同时，中国、欧洲、美国之间的贸易关系正在迅速增强，从旧金山发往广州的轮船有时会在日本海岸发生海难，海员由于没有领事或外交保护，境遇非常糟糕。1849年，美国一艘军舰舰长威胁日本马上送还18名美国海员，否则就要轰炸长崎。荷兰国王又一次警告日本首相继续实行闭关锁国政策只能招致灾难，从海牙发出的这些信所表达的是全世界很久以前就明白的道理。迟早有一天日本会对西方贸易打开大门，如果日本拒绝和平开放，就只能在别人的武力威胁下被迫这么做。

正逐步朝阿拉斯加海岸扩张的俄罗斯慢慢制订出了要在太平洋西海岸增加资产的计划。唯一可以作此行动并且不会被怀疑有领土扩张野心的国家是美国。1853年美国海军准将佩里率领四艘战舰和560名战士进入了日本的一个海湾，

▲ 佩里

马休·卡尔布莱斯·佩里（1794年4月10日—1858年3月4日），或称为培里，美国海军将领，因率领黑船打开锁国时期的日本国门而闻名于世。

美国的初次造访给日本造成了前所未有的恐慌。天皇正式祈求上帝的援助，佩里刚一离开（他仅仅在日本呆了10天，把美国总统的一封信交给了日本天皇），日本政府就请求荷兰人为他们提供一艘战舰，给各个堡垒都配备了人员，架起了以前的葡萄牙枪炮，做好了各种准备迎接从东方而来以蒸汽推动的庞然大物的第二次造访。

整个国家的人分成了两派，大部分人同意不惜一切代价继续与世隔绝，其他人赞成开放国门的政策。幕府将军属于后者，他丧失了很多权势并且被公开指责为“外国人的朋友”。到最后，海军将领佩里这次著名的造访受益最大的是日本天皇。

幕府将军作为封建体系政府中无可置疑的首领，很久以前就已经不能发挥他应有的作用了，正如同那些大名和武士，他们依然坚持随身佩刀，好像依然生活在1653年而不是1853年，好像他们依然在忙于令人赞美的镇压内战的工作。是时候进行一场全面的改革了。

▲ 戊辰战争中萨摩藩的藩士

很巧合的是，国家象征性的首脑——日本天皇是个能力超凡很有智慧的年轻人。他诱使幕府将军辞职，这样他就得以再次掌握了国家的控制权。他

▲ 从京都前往东京的明治天皇

明治维新是指日本在西元1860年到1880代间，以维新志士所建新政府为核心的民族统一主义与西化改革运动。明治维新在日本近代史中扮演关键的角色，它建立起稳固的中央政府和新的社会体系，以藩阀和大资本家取代过去武士统治的阶级政治，打下不可逆的现代化基础，使日本快速发展，为日后跻身世界强国之列，起到了不可磨灭的作用，是日本近代化的起航。

接受了进一步与世隔绝就是自杀的劝诫，现在他们像抵制外国人以前一样热情友好地欢迎所有外国人。明治时代，或者说明治天皇开创的启蒙时代，把日本从一个16世纪的封建国家变成了一个现代工业化国家。

如果问是否这样大规模彻底的感情复原对任何人来说都是一件好的令人高兴的事的话，这个问题没有意义。工厂、大规模的陆军、大规模的海军、煤矿、钢铁铸造厂也许能带来幸福也许不能，我不知道。有人说是这样的，其他人说不是。其实这个问题很大程度上要视被谈论的这个个体而定。俄罗斯人十年前护理他们的灵魂热爱他们的圣人，现在他们把圣人放在厨房的火炉里焚烧，他们的灵魂在发动机的排气管道中得到极大的满足。

我个人认为这样的发展是完全不可避免的，就发展本身而言，它们既不是绝对的好也不是绝对的坏，因为这样的发展是必需的，我们希望借助一部分这样的发展把我们自己从对饥饿的担忧和对经济不确定性的恐惧中解脱出来。对

▲ 富士山

富士山是日本第一高峰，也是世界上最大的活火山之一，目前处于休眠状态。

于这次改革而言，机器既是它的父亲又是它的母亲，没有人敢否认的是，机器也毁掉了很多愉快美好的事物。游览一个有着美丽景色的日本比游览一个有着日本标准石油和东京煤气厂的日本更有趣，毫无疑问，这种说法是正确的。但是美丽的景色已经逝去了，东京的家庭主妇更愿意用煤气煮饭而不是用很慢的炭火，这就是答案。

受人敬重、白雪皑皑的火山——富士山，从1707年起就一言未发，以前在这里还有小孩给路边的圣坛献花，现在神庙院中神圣的鹿也受伤了，因为野餐聚会上一些粗心的人扔出来的罐头盒砸伤了它们的脚。

但是富士山知道，总有一天，这些也会结束的。

Van loon geography

房龙地理（下）

第四十章

“西太平洋明珠”——菲律宾

从勘察加半岛到爪哇岛的岛屿形成了一条半圆，而菲律宾群岛也是这其中的成员。这些小片的干燥陆地是古老大洲外部边缘的剩余部分。当太平洋的海水淹没了那些山谷底部的时候，这些陆地因为地势较高而能继续位于海平面上，而那些被淹没的山谷就成了日本海、中国东海和中国南海。

菲律宾群岛中有7000多个岛屿，这其中只有462个岛屿的面积大于1平方英里。其他的只是大块的峭壁或小块的湿地，他们都太微不足道了，所以在这些岛屿中仅仅1/4的岛屿能叫得出名字。所有岛屿加起来的面积跟英格兰和苏格兰的面积之和差不多，这里的人口有1100万，其中大部分

▶ 1905年货币——菲律宾比索

菲律宾共和国简称菲律宾，是位于东南亚的一个群岛国家，是一个座落于环太平洋地震带上的热带国家，常年饱受地震与台风侵袭。

是中国人和日本人，还有大约10万个白人。这片群岛曾经是火山多发地带，但是现在我们只能找出25座真正的火山，尽管如此，在这25座火山中除了两座或三座火山活动比较频繁外，其它的似乎已经不再活动了。

从地理的角度看，菲律宾群岛所处的位置非常危险。我们现在所能找到的海底最深的裂缝就在菲律宾群岛东部，我在前面告诉过你这个地点。这条海沟是如此之深，以至于如果我们把这条海沟作为世界最高峰——喜马拉雅山上的珠穆朗玛峰的葬身之地的话，这座山峰的最高点还会在水下3000英尺的地方。如果所有事物都滑向地球上这个小角落，可能现在地球上就剩不下什么东西了。

菲律宾群岛中最重要的岛屿是吕宋岛，这是一座蝌蚪形状的小岛，中部高度为7000英尺，最重要的城市同时也是群岛的首都位于吕宋岛的东海岸，城市名为马尼拉。1571年，西班牙人在一处古伊斯兰教徒居住地的废墟上建造起了这座城市。该城是以一种杂草命名的，这种杂草在这片群岛上遍布各地。1590年，这座城市周围建造了城墙，时间证明，这些城墙比建造者的统治更持久。

▲ 1878年的马尼拉伊斯科塔街

马尼拉是菲律宾首都，位于菲律宾的最大岛—吕宋岛马尼拉湾的东岸；为菲国第二大城。

虽然西班牙人治理不善，马尼拉还是很快发展成了远东地区最重要的商业中心。港口停满了来自中国、日本、印度甚至阿拉伯的船只。这些船只来这里是为了把他们的商品同欧洲的商品作交换，而欧洲的商品是西班牙人从他们在美洲中部的墨西哥殖民地带到菲律宾来的。因为如果西班牙人冒险选择经由好望角横跨印度洋这条航线的话，可能会遭到英国人和荷兰人的攻击，所以西班牙人直接把他们的船只从马尼拉开往特万特佩克湾，然后运输这些货物横穿美洲地峡，在美洲地峡的另一端重新把货物装上船，然后经古巴、波多黎各驶往西班牙。

在吕宋岛的南方散布着十几个比较大的岛屿，其中萨马岛、班乃岛（岛上有著名的城市——伊洛伊洛，它也是菲律宾的第二大城市）、内格罗斯岛和宿务岛最为知名。再往南是棉兰老岛，这座岛屿仅比吕宋岛小一点，这座岛屿因其岛上信奉伊斯兰教的土著摩洛人顽强抵抗西班牙人和美国人保持自己的独立而著名。棉兰老岛上最大的城市是三宝颜，该市面临苏禄海。一般说来，菲律宾总是背对太平洋，他们真正的兴趣在于西方，他们与西方人交易，他们的宗教来自西方，他们第一丝文明观念也是来自西方。有人从东方接近他们并发现了他们纯属偶然。

麦哲伦 1521 年在这里登陆，他仅仅把这条不同寻常的航线用来调停他的雇主——西班牙国王和罗马教皇之间的一点难题。1494 年，为了结束伊比利亚半岛上各个国家之间的进一步争斗，罗马教皇在亚速尔群岛和佛得角群岛西边（大体上与格林威治西边 50° 经线相一致）自北向南画了一条线，这条线把世界分成了平等的两部分。罗马教皇把线西划分为西班牙的势力范围，把线东划分为葡萄牙的势力范围，这就是著名的托尔德西拉斯条约。基于这个条约西班牙有权利处决所有胆敢跨越这条线的人，这就使英国和荷兰前往美洲大陆的第一次探险变成了一件非常冒险的事，因为胆敢越过这条线的人被抓住以后就会像一个平常的海盗一样立即被绞死。

使麦哲伦的冒险航行得以实现的罗马教皇也即臭名昭著的亚历山大六世是个西班牙人。因此葡萄牙人提出托尔德西拉斯条约对他们的利益而言是不公平的。这场长达一个世纪的吵闹和争斗跟麦哲伦也有关系，他是一个葡萄牙人却被西班牙国王所雇用，他受西班牙国王之命从东方路线进入印度洋，去裁决印度洋中富庶的香料之岛印度群岛位于教皇指派给西班牙的领地中还是位于教皇指派给葡萄牙的领地中，事实证明，葡萄牙人是正确的，他们得到了马六甲群岛。但是不久以后，马六甲群岛就又落入了荷兰人手中。西班牙人偶然来到了菲律宾，然后就把菲律宾据为己有，坐镇墨西哥实施对菲律宾的管理。很多修士从新卡斯提尔来到了菲律宾，因为与美洲中部正在逐渐缩小的民族相比，在这里预示着更为有利可图。

▲ 马尼拉湾

不得不承认，修士们为菲律宾的改变做出了很大贡献。确实如此，如果他们当初不这么成功的话，我们在菲律宾的任务也许会容易很多，因为1898年我们获得了西班牙那些古老的殖民地。这是自从我们的政权存在以来第一次同几乎100%都是天主教徒的人打交道。

从官方角度来说，我们可能不是一个新教徒国家，但是我们普遍的人生观很显然不是天主教徒式的而是新教徒式的。我们可能会为我们在菲律宾所做的善行感到骄傲。给他们修筑了无数好公路、数千所学校、三所大学、医院、医生、护士、孵化器、肉类和鱼类的防疫、卫生知识，还有很多西班牙人闻所未闻的进步所带来的益处。但是所有这些慷慨地表达善意的方式对菲律宾人来说是微不足道的，因为他们从小接受的教育告诉他们，这些世俗的舒适和利益确实是一种美好的令人愉快的东西，但是这些东西与在另一个世界里得到拯救的机会是无法相提并论的。在另一个世界里，任何人都不会对卫生学、医院、好的道路和学校产生一点兴趣。

Van loon geography

房龙地理（下）

第四十一章

荷属东印度群岛——印度尼西亚

我已经告诉过你：日本、台湾、菲律宾是古老亚洲大陆上山脉的外部边缘，在几百万年的时间里，太平洋的海水把它们与大陆分开了。

马来群岛（荷属东印度群岛——它们还有很多其他不同的名字）不仅是亚洲的外部边缘，而且是一块像中国一样巨大的大半岛的剩余部分，这块半岛从缅甸、暹罗和印度支那向东延伸到澳大利亚。在地质历史的最早期，这块半岛可能是与亚洲大陆直接相连的（那时候比现在要大得多），后来经过一段时期以后，一条狭长的水域把它与澳大利亚分隔开了，而那条水域并不比现在昆士兰和新几内亚之间的托雷斯海峡宽多少。

一场剧烈的大变动把一块广阔的干燥陆地变成了一群奇形怪状的岛屿，这群岛屿以婆罗洲（加里曼丹岛旧称，与斯堪的纳维亚半岛的面积差不多大）为始，延伸至上千块阻碍航行的小块岩石。产生这场大变动的原因并不难发现，这里正好处于世界上火山运动最频繁的地区，即使是在今天，爪哇岛上仍然保留着纪念火山活动的蓝色丝带。在过去三个世纪的时间里，爪哇岛上120座火山与

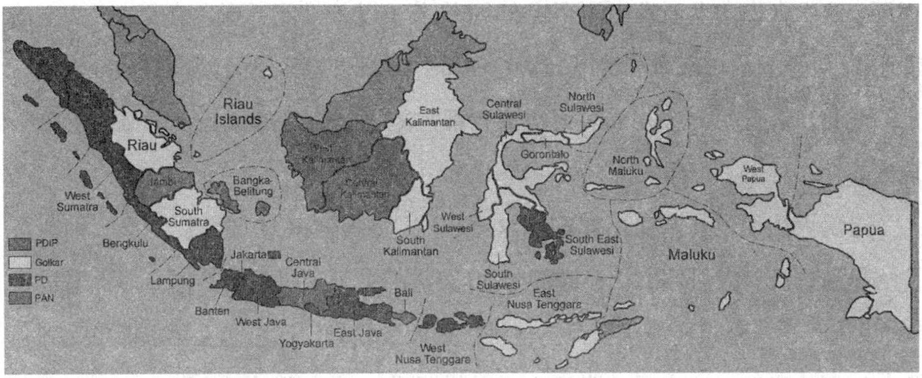

▲ 印度尼西亚共和国行政图

印度尼西亚共和国，简称印度尼西亚或印尼，为东南亚国家之一，约由 17,508 个岛屿组成，是全世界最大的群岛国家，疆域横跨亚洲及大洋洲，别称“千岛之国”。

稍微往西一点的苏门答腊岛上的火山一样表现活跃。

印度的古老宗教——婆罗门教在爪哇非常盛行，神父总是用偶尔把一些人整个抛到正在沸腾的火山口的方式祭祀那些居住在地球深处的神灵。这种方式显然很奏效，虽然火山依然持续喷发和咆哮，偶尔还会做出很狂暴的行为，但是在几个世纪的时间里还没有造成严重的灾难。

这里的喀拉喀托火山遗址作为一种无声的警告提醒人们某些可怕的事情可能会在任意时间再次发生。1883 年 8 月 26 日上午，位于苏门答腊岛和爪哇岛之间巽他海峡中的喀拉喀托火山再次爆发了，这次爆发与它史前时期爆发时的情形极为相似，这次爆发把火山口的顶部吹走了，并且把整座岛屿分割成了很多小块陆地。两天以后，岛屿的北半部分消失了，这里曾经有一座高度为 1500 英尺的小山，现在这里只剩下了一个深深的洞，这个洞比印度洋的海平面低了 1000 多

▲ 东爪哇的塞梅鲁火山及婆罗摩火山

印度尼西亚为世界上火山活动最频繁的国家。

英尺。这次火山爆发所发出的声响在3000英里以外都能听到，喷发的火山灰高度达17英里。火山灰散布到了非洲、欧洲、美洲、甚至远及斯堪的纳维亚半岛上的北角。在此后6个周的时间里天空都被染上了奇怪的颜色，好像附近哪个地方的森林着火了一样。

这次火山爆发在海上引起的潮水比在陆地上所造成的要糟糕的多，因为喀拉喀托岛是没有人居住的。一股高于50英尺的海潮掠过爪哇岛的海岸，造成了36000人死亡，也毁坏了很多海港、村庄和大型船只。锡兰和毛里求斯也受到了这些海潮的影响，在合恩角附近也可以很明显地感受到海潮的影响，而合恩角距这里将近8000英里之遥。甚至在英吉利海峡也可以微弱地感受到海潮影响，而英吉利海峡与巽他海峡之间的距离是11000英里。

一年以后，喀拉喀托火山再一次显示出了活动的迹象，没有人能够预言它下一次将会在何时攻击哪里。生活在这里的人跟生活在类似环境中的人一样，他们对火山的关注度还不如一个美国男孩在拥挤的意大利人居住区打棒球时，对驶进棒球场地的卡车的关注。

这种宿命论的态度可能源于他们对伊斯兰教的信仰，也可能源于他们对生命的满足感。他们认为火山爆发与外国人的统治、洪水、火灾一样都是生活中无足轻重的事，相比较耕作农田来说，这些事不具有一点重要性。他们的祖先在开世之初就在耕种这片农田，他们的子孙还会继续耕种这片农田，没有人想要或者期望过那种没有充足食物的生活。

听起来似乎我正在努力把爪哇岛描述成陆地乐园。虽然这里还不至于到这样的地步，但是大自然深深地宠爱着这里，所以值得我好好介绍一下。

这里的土壤28%都是来源于火山，如果好好耕耘的话，一年能够收获三次。

这里的气候能够促成所有已知热带植物在这里的生长。但是它却并不热得过分，高山地区的气候甚至比纽约或华盛顿夏季时的气候更令人愉快。爪哇岛和这里其他的岛屿虽然离赤道很近，以至于这里的白天和黑夜几乎等长，但是这里四周都被海包围，因此湿度很大，气温从未高于96°C也没有低于66°C，年均气温为79°C。季节交替十分规律。西方季风带来的雨季从11月持续到3月，雨季中每天都会在固定的时间下雨。雨季过后就是干季，在干季里一点雨都不会下。雨季和干季之间有一段短短的过渡期叫做“斜季”。

基于这些有利的气候条件，622 英里长，121 英里宽（是一种长方形的防波堤，保护内部群岛免受南印度洋猛烈风暴的袭击）的爪哇岛上生活着 4200 万人口。苏门答腊岛和婆罗洲虽然比它大很多，但是人口数仅是爪哇岛上人口数的 1/10。这座岛屿的肥沃一开始就吸引了白人的注意。

葡萄牙人首先到达这里，英国人和荷兰人也继之而来，后来英国逐渐把所有力量都用于剥削印度，所以爪哇岛和马来群岛的其他岛屿就都留给了荷兰人。荷兰人在前三个世纪的统治中，犯了与本地人打交道的过程中欧洲人所能犯的所有错误，最终他们学到了殖民地管理中的一些重要经验。荷兰人知道迟早本地人会夺回自己的自由，所以他们尽可能少地干预本地人的事务，并吸收本地人参与管理国家。在一支 3 万人的队伍中，白人的比例只占了 1/5。如果本地人下定决心要驱逐外国人的话，荷兰人是不可能控制住这个比他们的母国大 50 倍的国家的。因此“强制劳工”和“政府庄园”的时代一去不回头了。学校、铁路和医院取代了旧式惩罚性的远征。如果他们最后当上了统治者却不得不放弃这些地区的话，他们可能会更希望作为经济结构中不可或缺的一部分在这里占有一席之地。安于现状的老一代土著人正逐渐让步于年轻一代，这一代年轻人相信，事实胜于雄辩，我们的世界是基于永恒变化的原理上创造出来的。

在其他所有属于荷兰的岛屿中，爪哇岛的文明程度是最高的。形状古怪，像蜘蛛腿一样细长的西里伯斯岛（苏拉威西岛的旧称）位于摩鹿加群岛（原来的香料之岛，17 世纪时期，英国、葡萄牙、西班牙、荷兰为了这些岛屿进行了艰苦卓绝的争夺战）的西方，现在荷兰人正在努力把这座岛屿变成第二个爪哇岛。望加锡现在是爪哇海上最重要的城市之一，这里出产一种油，在维多利亚时期，老爷爷们用这种油梳理他们的头发，老奶奶们借助这种油编织了无数的罩布。望加锡和苏腊巴亚和三宝垄都有正常的贸易往来。苏腊巴亚和三宝垄都是爪哇岛北海岸上的重要港口，它们与首都雅加达的港口坦琼碌也有频繁的贸易往来。

现在的摩鹿加群岛已经不像以前那样富庶了，但是岛上的居民安汶人仍然以其作为出色水手的能力而著名。400 年前，这些居民却以贪吃的食人者的名声远近闻名、令人恐惧。虽然现在他们已经成了杰出的基督徒，但是奇怪的是，

▲ 1656 年荷兰殖民统治下的雅加达

雅加达又名椰城，是印度尼西亚最大的城市和首都，东南亚第一大城市，位于爪哇岛的西北海岸。

他们给荷属东印度军队提供了最善战的军团。

婆罗洲作为被淹没的亚洲半岛上最重要的残余部分，人口一直很稀少，因为当地人有一种很奇怪的信仰，那就是把杀人作为一种神圣的事。荷兰人试图用最严厉的惩罚制止这种流行的残暴行为，但是即使是在今天，如果一个年轻人没有得到至少一个人头作为他的荣誉的话是不允许结婚的。这么久的相互残杀的过程（婆罗洲人会像一个优秀的高尔夫球手展示他的奖杯一样骄傲而冷漠地展示他们可怕的战利品）使得岛上居民人口数不断减少。现在这里的河流正在被开发，石油、煤炭和珠宝公司止在这里修筑道路，野蛮的本地人也逐渐被说服转而从事更为和平的农业。如此发展下去，在一定时期以后，这个小岛应该能够养活 20 倍于现在的人口。

婆罗洲的北部属于英国。西北角有一个独立的国家叫做沙捞越，由一位著名英国人的后裔统治。这位著名的英国人就是雷查 · 布鲁克斯，他以詹姆斯 · 布

▲1870年时的苏门答腊地区巴塔克战士

鲁克斯爵士的身份来到这座小岛上镇压本地人对政府的反叛行为，后来他就留在了这里，成为了这个独立王国的君主。

另外一个很重要的岛屿是东部的苏门答腊岛，这座岛屿与马来半岛平行。这里的火山活动很频繁但是几乎所有作物都可以在这里生长，不幸的是一座高山把它分成了完全分开的两部分，在铁路引进以前，这座高山极大地影响了它的发展。在把这一地区对西方贸易开放方面，汽车和飞机比其他任何机械都立下了更多的功劳。

苏门答腊岛和婆罗洲之间是邦加岛和勿里洞岛，这两座岛屿是马来半岛的延续，同样富含锡矿。爪哇岛东部是著名的巴厘岛，这个岛上古老的土著人的生活方式被很好地保留至今。然后是弗洛勒斯岛和帝汶岛，这两座岛屿都在澳大利亚北方。最后是新几内亚岛，它是澳大利亚大陆的一部分，这座岛屿的西半部分归属于荷兰，它的面积是中欧面积的一多半，可以从巴黎延伸到敖德萨。这里几乎没有人驻足。没有河流通往内地，人烟十分稀少，其原因一部分是由于吃人的陋习，一部分是由于土著人的落后。疾病和人类的捕猎使人口不断减少。内地到处散布着俾格米部族的遗址，这些遗址表明很早的时候这座岛上就有人类居住了。

这部分地区非常古老，根据不止一种理论来说，这里就是人类最先告别类人的近亲——猿，并且进化成人的地方。最早的类人生物，即著名的直立猿人的头盖骨就是在爪哇岛发现的。婆罗洲和苏门答腊岛存在一种庞大的类人的猿，被称为褐猿。

我们生活的这个世界真是个奇妙的世界。大家族中的一部分成员已经进步到了可以建造动物园的地步，而另一部分成员却还生活在动物园中。

Van loon geography

房龙地理（下）

第四十二章

“南方大陆”——澳大利亚

谈到大自然创造万物时所采用的浪费的方式和无目的性时，著名的德国科学家，也是生理学领域的专家亥姆霍兹，曾说：“如果哪个仪器制造者胆敢用一架像人眼一样笨拙的仪器取悦于他的话，他就会公开指责那个人不仅是个无能的失败者而且对自己的行业一无所知。”

我很高兴亥姆霍兹没有把他的学术研究扩展到生理学和电学以外的领域，因为我将会很讨厌重复他说的有关上帝处理我们这个地球上地理格局的方式的话。

以格陵兰为例，它几乎埋藏于几千英尺的冰雪之下，如果那 47000 平方英里的土地移到海洋中央的话，将能养活数百万人口。但是现在这里只能勉强使几千只北极熊和少数半饥饿状态的爱斯基摩人维持生计。但是如果要找一个管理执行得很糟糕的范例的话，我向你推荐澳大利亚，它虽然是个正式的大洲，但是任何一个治理得很好的大洲都不会是这个样子的。

首先，它的位置很不好，葡萄牙、西班牙和荷兰曾在 100 多年的时间里怀疑它的存在，他们竭尽各种努力去寻找它，尽管这块庞大的版图面积将近300万平方英里（跟美国的面积差不多少），直到1642年它才被白人发现，荷属东印度公司的阿贝尔·塔斯曼环绕该地区航行并以荷兰的名义占领了这个大洲。

从实用的角度来说，访问这个国家一点意义都没有。荷兰对这块荒野之地没有兴趣，也放弃了他们在这里的权利。1769年（在塔斯曼的航行125年后）詹姆斯·库克被派往太平洋观察金星的运行路线时，阿姆斯特丹和伦敦的地图制造者还不知道应该把澳大利亚放到太平洋广阔水域的什么位置。

其次，澳大利亚不仅地理位置不好，气候条件也很恶劣。仅有东海岸和南海岸东部这些地区的气候条件较为优越，阿德莱德、墨尔本、悉尼、布里斯班这四个城市坐落于这里。而北海岸格外潮湿，西海岸特别干燥。这意味着最适合人居的地方是离连接亚洲、非洲、欧洲主要商业道路最遥远的地方。

▲ 澳大利亚土著人惨遭外来入侵者杀害

澳大利亚联邦简称澳大利亚、澳洲，是全球面积第六大的国家，大洋洲最大的国家。

第三，澳洲整个内部地区是没有任何降雨的大沙漠，地下水所处的位置不利于开发利用，所以要实现系统灌溉非常困难。

第四，地势最高的部分是这块大洲的外部边缘。内部地区像一只凹形的碗，因为没有河流可以爬上山然后再汇入大海，所以这里没有一条叫得出名字的河流。达令河是澳大利亚最大的河流（1160英里长），它发源于昆士兰州的高山中，昆士兰州离珊瑚海只有几英里的距离，珊瑚海是太平洋的一部分。达令河没有向东流入太平洋而是向西流入了恩考特尔湾，一年中的大部分时间中（请记住当南半球是冬天的时候，北半球是夏天，反之亦然）这里会有一些对任何人都没有一点用处的小水池。

第五，这里没有哪个土著人可以被训练到能为白人做杂活的地步。我们现在依然对不幸的澳大利亚人的起源毫不知情，就他们与这个世界上其他人的关系而言，他们就像生活在另一个星球上的人。他们在自己的世界里按自己想要的方式生活，没有人对他们横加干涉。他们的生活状况从未高于我们这个世界里一些更原始的动物的生存状况。例如，他们不会建造房屋、不会种植谷物、不会使用鱼叉、箭或斧头。他们知道怎样操纵石器，实际上世界上很大一部分人曾经都使用过这种工具，但是现在其他人都已经告别了这种笨拙的武器开始使用剑、矛和弓了。澳大利亚人的祖先学会不用胳膊帮忙只用后腿行走以后，后来的澳大利亚人再没有什么进步，几乎还是停留在那一阶段。可能最慷慨的归类方式就是说他们与最早的石器时代“狩猎的人”相似。但是即使是我们石器时代的祖先与土著澳大利亚人相比也是一个能手。

最后，很明显，这块可怜的大洲，在我们的地球披上为我们的舒适和幸福做出巨大贡献的树木和灌木以前，就被告知要独立谋生。这里发育了一种特有的干燥气候植物群，毫无疑问我们专业的植物学家会对这些植物群产生浓厚的兴趣，但是对于想要在这里种植一些有利可图的庄稼或其他作物（只要能为他们所付出的劳动带来收益的任何作物）的白人移民来说，获利的前景十分渺茫。袋鼠草和盐碱灌木对羊来说当然是相当好的食物，但是常见的是多刺的三齿稃，即使是对硬腭的骆驼来说刺也太多了。虽然一些桉树可以长到400英尺高，但是靠种植桉树不会让人变得多么富有。它是加利福尼亚州红杉的唯一竞争对手。

1868年澳大利亚不再是罪犯流放地以后，大批农民赶到这块新的前景广阔的土地。但是他们发现他们面对的是一群最食古不化的人，这些人拒绝自己被驯化。是澳大利亚与世隔绝的地理位置，使得这些奇怪的史前生物能够在生存于世界其他地方的同类绝迹很久以后依然在这里继续自己的生活。这里没有亚洲、非洲、欧洲那些更大更有智慧的哺乳动物迫使这些澳大利亚四足动物提高智商或者灭绝。完全没有竞争对手使他们的生活状态一直保持在出生时候的水平，没有任何进步。

▲ 澳大利亚代表性动物袋鼠

我们都熟悉袋鼠这种奇怪的动物，它是有袋类动物家族中的一员。有袋类动物是指这类动物身上长有一个育儿袋，出生的时候发育不完全的幼崽可以在育儿袋里长到发育完全为止。在第三纪（地质年代名称，约180万年前）的时候，整个地球上都居住着有袋类动物，现在美洲仅有一种有袋类动物了，那就是负鼠，但是澳大利亚倒是还有很多种有袋类动物。

这里还有一种史前时期遗留下来的动物－即所谓的单孔类动物，它们是最低级的哺乳动物，全身只有一个排泄通道。其中最著名的是鸭嘴兽，这种近棕色的动物有20英尺长，身上长短毛，有着像鸭子一样的嘴（年幼的鸭嘴兽甚至有牙齿），脚是有趾甲的蹼，雄鸭嘴兽的脚跟上还长着有毒的刺，鸭嘴兽真是一座活着的移动博物馆，馆内珍藏着大自然在数百万年进化和退化过程中发明或遗弃的所有东西。

澳大利亚所有的动物构成了一个容纳了所有奇妙动物的、最令人惊叹的博物馆。有些鸟的羽毛就像人的头发，有些鸟只能走不能飞，有些鸟叫声如同胡狼的嚎叫，这里的布谷鸟看起来又像野鸡又像鸽子而且体型像鸡那样大。有的老鼠长着蹼，有的老鼠长着可以使它们爬树的尾巴，有可以用两条腿走路的蜥蜴。有既长着鳃又长着肺的鱼，这种鱼的历史可以追溯到鱼龙时代，它们是鱼类和两栖动物的混合体。有的野狗长的既像豺又像狼，可能是最早从亚洲大陆来的移民带到澳大利亚的被遗弃的狗的后代。还有一群其他的丑陋而庞大的野生动物。

这些还不是全部，澳大利亚还有一群它所特有的、比老虎和蛇更可怕的昆虫，那就是会跳跃的蚂蚁。澳大利亚是跳跃者的天堂，哺乳动物、鸟和昆虫都更喜欢跳跃而不是飞或跑。这些蚂蚁生活在自己建造的摩天大楼里，这些蚂蚁能咬穿除了铁门以外的任何东西，因为它们能往普通的锡盒和铅盒上覆盖上一层酸性物质，而这层酸性物质能导致金属氧化，蚂蚁能在这些氧化了的盒子上打开一条通道，它们通过这条通道钻到盒子里以后就会随心所欲地毁坏里面的东西了。

苍蝇会在牛羊的毛皮中孵卵，蚊子使澳大利亚南部的沼泽地区完全不能居住，蚱蜢能在几分钟内把人类几年的劳动成果彻底毁坏，壁虱附着在畜群中并以牲畜的血为生，美冠鹦鹉看起来非常漂亮无害，但是如果它们团伙作案的话会给人类造成很大损失，它们在澳大利亚常常这么做。

各种各样的本地祸患中，最糟糕的一种不是澳洲本土的物种，而是来自欧洲。我指的是一种兔子，在它以前生活的地方，它是一种完全无害的动物，但是在澳洲的沙荒地中它能无限繁殖，因此就成为了一种令人讨厌的东西。第一批兔子是1862年人们出于想做点运动的目的从英国带过来的，殖民者在这里感到很无聊，因此捕猎兔子成了他们打破在灌木丛中单调生活的很好的消遣方式。有些兔子逃走了，它们以众所周知的兔子喜欢的方式给自己建造了窝巢。习惯于处理大型数据的天文学家试着估算出现在澳大利亚有多少只兔子，他们得出结论说现在兔子的数量已经将近40亿只。40只兔子吃的跟一只羊一样多，那就意味着这里有1亿只羊，你自己计算一下吧。整片区域都被这群啮齿动物毁坏了。澳大利亚西部地区被这些饥饿的兔子啃咬的很严重，为了防止兔子的进一步入侵，澳大利亚人在这里建造了一种巨大的轻型铁丝网作为围墙，这是中国的一种防兔墙，地上有三英尺高，为了防止兔子从地下打洞穿过去，这种铁丝网又埋入地下三英尺。为需要所迫，这些兔子很快就学会了翻越围墙，灾害依然没有减轻。毒药也试过了，但是也没有用。在澳大利亚没有找到生活在世界其他地方的能够控制兔子数量的野生动物，或者说那些野生动物适应不了这块奇怪的土地，在刚被引进到这里的时候就死了。虽然白人做了那么多努力，但是兔子依然像麻雀一样欢快地繁殖着。从欧洲引进的另一种东西现在成了令澳大利亚花园爱好者恐惧的东西，仙人果，被带到澳大利亚干旱的大地上以后就如同海豹被带进了水里一样，找到了最适合自己生长的天堂。然后仙人果就快速的蔓延开来了。

尽管有这些极大的不利条件，移民们还是成功地把澳大利亚变成了世界上最重要的羊毛生产国。现在的澳大利亚拥有将近1000万只羊，我们所穿的毛织品使用的羊毛有1/4都是这里出产的，澳大利亚的羊毛出口额占据了全国总出口额的2/5。

澳洲大陆比欧洲大陆的历史要古老的多，不言而喻，这里肯定蕴含着很多种类的矿藏。淘金热狂潮的最初50年，人们把注意力放到了澳大利亚的金矿上。后来，铅矿、铜矿、锡矿、铁矿、煤矿陆续都被发现了，但是迄今为止都没有发现石油。钻石也有，但是很少。其他一些较为珍贵的宝石，如猫眼石和蓝宝石倒是数量很多。缺乏资金同时也缺乏好的运输条件阻碍了这些宝藏的全面开发，但是当澳大利亚从多年的经济管理不善中恢复过来的时候，宝藏被充分开发的时候会到来的，澳大利亚到时也会跻身有清还债务能力的国家之列。

与此同时，澳大利亚是继非洲之后第二个享有最难开发的名声的国家。直到19世纪初，人们才搞清楚了它国土的三大部分。首先是西部台地，虽然有些地方的海拔达到3000英尺，但是这部分地区的平均海拔是2000英尺。西部台地也被称为黄金之地，但是这里没有海港，仅有一个稍微具有一点重要性的城市叫做珀斯。其次是东部高地，这里有非常古老的山脉，但是多年的风雨侵蚀已经使得这里的最高峰科修斯科峰海拔也仅处于海平面以上7000英尺。这里有良好的海港，因此这里也吸引来了第一批殖民者。

两块高原之间是一块宽广的平原，平原的最高点不超过600英尺，艾尔湖地区的海拔实际上是低于海平面的。平原被两条山脉分成了两部分，一条是西方的弗林德斯山脉，另一条是东方的格雷山脉，格雷山脉的北部与昆士兰山脉相连。

澳大利亚的政治发展很平静而且相当成功。来到这里的第一批移民是根据英国18世纪后半叶的法令被认定为“罪犯”的人，但这些人的罪行最多不过是因为贫困或不幸的驱使而犯下的一些很小的错误，比如偷窃了一条面包或者几个苹果。第一个罪犯流放地是植物湾，之所以这么叫，是因为发现了这里的库克船长到达这里的时候正好所有的小花都正在开放。这块殖民地本身叫做新南

▲ 1901 年澳大利亚第一届国会开幕

威尔士，首府是悉尼。塔斯马尼亚岛是新南威尔士的一部分，该岛在 1803 年变成了另一个罪犯流放地，罪犯集合的地点就在现在的霍巴特市。1825 年，昆士兰的首都布里斯班被建立起来了。19 世纪 30 年代，位于菲利普港海湾上部的一处居民点被以墨尔本君主的名字命名，现在这里变成了维多利亚省的首府。南澳大利亚的首府阿德莱德，也是在这一时期建造的。西澳大利亚的首府珀斯，直到淘金热开始的前 50 年这里还是一个无足轻重的小村庄。北部地区由联邦管理正如我们的领土以前都被华盛顿管理一样，尽管这是一块 50 万平方英里的土地，但是这里的人口数只有 5000，其中不到 2000 人居住在帝汶海沿岸的达尔文港，达尔文港是世界上最优良的海港之一，但是这里看不到一点贸易的痕迹。

1901 年，总人口为 600 万，而其中 3/4 的人都生活在东部的这 6 个州组成了澳大利亚联邦，7 年以后，他们决定建造一座新首都叫做堪培拉，位于悉尼西南 150 英里，离澳大利亚最高峰科修斯科峰不远。

1927 年，堪培拉正式成为澳大利亚联邦的新首都，但是新联邦的议会在把这个国家从目前的困境中拉出来以前还必须做一些深远的思考。首先，在世界大战以后就掌握了政权的工会政府在过去无谓地消耗了很多钱财，以至于现在的联邦不再能从欧洲借贷者手中得到一点贷款。战胜了工党的新政府能否不做

▲悉尼歌剧院

悉尼歌剧院位于澳大利亚悉尼，是20世纪最具特色的建筑之一，也是世界著名的表演艺术中心，已成为悉尼市的标志性建筑。该歌剧院1973年正式落成，2007年6月28日被联合国教科文组织评为世界文化遗产，该剧院设计者为丹麦设计师约恩·乌松。悉尼歌剧院坐落在悉尼港的便利朗角（Bennelong Point），其特有的帆造型，加上悉尼港湾大桥，与周围景物相映成趣。

出巨大让步就解决这一经济障碍很值得怀疑。其次，澳大利亚人口太少了，塔斯马尼亚和新南威尔士每平方英里只有8人，维多利亚每平方英里有20人，昆士兰和南澳大利亚每平方英里仅有1人，西澳大利亚每平方英里1.5人。这在工会看来已经极为不合理了，而且传说这些人还是世界上最不称职最差劲的工人，如果没有很多公共假期供他们运动和赛马的话，他们简直无法生活。

这样的话，谁来做必要的工作使国家正常运转呢？

虽然意大利人很想来，但是澳大利亚人不想让他们来。在澳大利亚政治体制中占主导地位的英国中产阶级创造了这样一句警句："澳大利亚是澳大利亚人的。"这就意味着排除了纯种的白人和英国中产阶级出身的人以外的所有人。勤劳的意大利人既不是纯种的白人也不是英国中产阶级出身，所以澳大利亚人不让他们渡过托雷斯海峡。日本人和中国人是黄种人，不在考虑之列。波利尼西亚人、马来人、爪哇人属于深褐色人种，因此也是澳大利亚人厌恶的人。我再重复一遍这个问题，谁来工作呢？我要接着说，我不知道答案。这300万平方英里的土地上几乎无人居住，而世界上其他地方却陷入了令人绝望的人口过多的困境当中，这一现实将会给这个问题提供一个惯常的解决方案。

Van loon geography

房龙地理（下）

第四十三章

“长白云之乡”——新西兰

新西兰加上它新近从萨摩亚群岛中获得的领土，其总面积是英格兰和苏格兰面积之和的1.25倍，人口总数为150万，其中14.3万人居住在位于北岛的首都惠灵顿。

1642年阿贝尔·塔斯曼最先发现了这里，并以他的祖国南部岛屿的名字为这座岛屿命名。早在此三个世纪之前，乘坐独木舟的波利尼西亚人就发现了这座岛屿，

▶ 新西兰地图

新西兰，又译纽西兰，位于太平洋西南部，是个岛屿国家。首都惠灵顿，最大的城市是奥克兰。

▲ 新西兰土著人

他们是太平洋中神奇的水手，他们用稻草制作了一种形状古怪的地图，这种地图是如此可靠，他们依靠这种地图可以航行到离家数千英里之外的地方，然后再准确无误地找到返回的路。

波利尼西亚的征服者就变成了好战英俊的毛利人的祖先，1906年的时候，毛利人的人口数为5万，从那以后人口似乎开始又增长了。很少有哪些种族能够不仅抵制了白人的入侵，还能使自己的本地血统保存完好，而且还吸收西方文明的长处同时并没有丧失自己的文明，毛利人很显然就是这些少数典型中的一个。他们放弃了祖先的一些习惯和风俗，例如，吃掉自己的敌人和在自己脸上刻刺青。他们派代表加入了新西兰国会。他们建造了一些教堂，但这些教堂像他们的白人统治者们建造的附属礼拜堂一样并不吸引人。就种族问题而言，所有这些都为他们赢得了很好的未来。

19世纪前25年，法国和英国都试图通过各自的传教士达到控制这些岛屿的目的，1833年，毛利人选择了把自己置于英国人的保护之下，1839年，英国正式占领了新西兰所有地区。

如果法国的军队再早到三天的话，新西兰现在可能就跟新喀里多尼亚、毛里求斯和很多其他太平洋中的岛屿一样成为了法国的殖民地。1840年，新西兰变成了澳大利亚殖民地新南威尔士的附属国。1847年又成了英国直辖殖民地。1901年，新西兰有机会加入澳大利亚联邦，但是出于这里从未成为过一个罪犯流放地的骄傲，新西兰谢绝了这一机会。从1907年起，新西兰就是一个独立主权国家了，虽然有一位英国首席管辖者，但是它有自己的政府代表。

从这两座大岛屿的地貌来看，它们肯定不是澳大利亚大陆的一部分，因为分割开这两座岛屿的塔斯曼海，深度超过1.5万英尺，宽度为1200英里。它们可能是曾经形成了太平洋西海岸高山的残余部分，但是发生的变化太多了，很难描述出现在的岛屿是怎样形成的。使情况更复杂的是，这两座岛屿几乎没有任何共同特征。北岛是一处巨大的火山带（类似于太平洋上的黄石公园）。而被库克海峡使之与北岛分隔开的南岛，宽度仅有90英里，是瑞士的复制品，额外增加了一些挪威海湾来增光添彩。

新西兰无论如何都不属于热带地区，它与赤道的距离同意大利到赤道的距离相等，因此，它与意大利的气候相同，这意味着它比澳大利亚更有可能变成欧洲人的永久居住地。各种欧洲的水果，例如桃、杏、苹果、葡萄、桔子都能在山谷里种植发育，而山坡给牛羊提供了绝佳的牧场。这里的亚麻跟西兰岛湿润气候下的亚麻生长得一样好，北岛生长缓慢的树木可以加工成上好的木材，这些木材主要从奥克兰出口。

1901年，新西兰兼并了许多太平洋中的小岛，这些岛屿中包括库克群岛和拉罗汤加岛，根据毛利人的观点，新西兰就是从拉罗汤加岛上得到了第一批波

▲ 新西兰塔拉纳基山

利尼西亚移民。库克群岛也是火山爆发产生的，现在我们先撇开火山带不提，先说说珊瑚岛吧。

这些珊瑚岛是由小小的海洋生物形成的，该海洋生物即珊瑚虫或“像花一样的动物”，它们死后留下来的骨骼形成了遍布于太平洋这一地区的成千上万座暗礁和小岛。珊瑚虫是脆弱的生物，它们只能在温度一定的新鲜咸水里生存，温度稍微下降一点都会置它们于死地。它们不能到120英尺以下的水中去生存。所以当我们在120英尺以下的水位中发现了珊瑚沉淀物的话，我们就可以知道海底肯定发生过沉降。珊瑚虫已经花了几百万年的时间建设它们的小岛，所以它们的劳动成果比最好砖瓦匠的作品还要持久。因为它们依靠持续不断的活水生存，所以生活在珊瑚岛中间位置的珊瑚虫会最先死去，珊瑚岛的边缘部分会继续生长，最终会形成所谓的环状珊瑚岛，这种岛边缘是窄窄的一圈坚硬物质，中间是环形的礁湖。往往只有一个入口通往这个礁湖，而且这个入口还会远离盛行风的风向，因为另一边的波浪会给珊瑚虫提供更为充足的食物，会使珊瑚虫生长更快。

很多生长着椰子树可以产出椰仁干的珊瑚岛现在归新西兰所有。因为新西兰的军队在世界大战中表现出色，作为对他们的奖赏，德国在萨摩亚群岛中的领地也被送给新西兰作为它的委托管理地。新西兰将会怎样处理这些岛屿？我不知道。

◀ 惠灵顿港务局总部

惠灵顿是新西兰的首都，位于新西兰北岛南端，是新西兰的第二大城市，与悉尼和墨尔本一起成为大洋洲的文化中心。

Van loon geography

房龙地理（下）

第四十四章

安静宜人的快乐老家——太平洋群岛

大西洋里几乎没有什么岛屿，而太平洋里的岛屿就太多了。加罗林群岛、马绍尔群岛和夏威夷群岛都位于赤道以北，其他所有的岛屿都位于赤道以南。它们常常成群出现。复活岛（我们在这里发现了神秘的大型石雕）是个例外，它是独立存在的，但是它更接近南美洲而不是澳大利亚。

太平洋中的岛屿可以被分成截然不同的三组。毫无疑问，有些岛屿在史前

▶ 夏威夷州议会大厦

夏威夷群岛在1778年至1898年间也被称为“三明治群岛”，它是波利尼西亚群岛的一部分，是由19个较大的岛屿和其他小岛组成的群岛，这些岛多为火山岛或珊瑚岛。1959年设为美国领土的第五十州，首府在檀香山。

▲ 夏威夷阿卡卡瀑布

地质时期是广阔澳洲大陆的一部分。新喀里多尼亚岛——法国的罪犯流放地，就是这种岛屿的一个范例。还有其他的岛屿如斐济群岛、萨摩亚群岛、夏威夷群岛和毛里求斯等，这些岛屿都是火山活动形成的。最后还有像新赫布里底群岛这样的珊瑚岛。

在这数千座岛屿（许多珊瑚岛仅露出水面几英尺）之中最重要的岛是夏威夷群岛，1779 年库克船长在他回程的航行中在这里被当地人谋杀了。1810 年，这里变成了巨大的南海帝国的中心，这种局面一直持续到 1893 年。1893 年，这里被美国吞并。除了土地很肥沃以外，夏威夷群岛作为美洲和亚洲的中间站，也具有非常的重要性。

有些岛屿有点不稳定。基拉韦厄火山仍然是座活火山，有着异乎寻常的高度——4400 英尺。群岛中的另一座岛屿——毛伊岛上的火山有着世界上最大的火山口。但是这里极好的气候弥补了人们偶尔看到冒烟时的担忧。瓦胡岛上的火奴鲁鲁是该群岛上的首府。

斐济群岛上最重要的城市是苏瓦。这是所有从美洲出发到澳大利亚和新西兰的轮船都要经过的中间停靠站。

萨摩亚群岛的首府是阿皮亚。

另一个岛屿你可能有时会听说，那就是关岛，在日本和新几内亚的中间位置，是美国一个重要的电报站。

然后是塔希提岛，它是社会群岛中的一块法国领地，据猜想，那些有关南海的电影故事就是来自社会群岛。

最后还有几十个其它的岛屿，它们属于美拉尼西亚、密克罗尼西亚和波利尼西亚这三大群岛。它们似乎在太平洋中形成了有规律的障碍——从西北到东南方向形成了三条平行线。这就使在太平洋中的航行比在大西洋中的航行要困难得多，因为美洲海岸和爱尔兰之间的洛克埃尔是大西洋航行中仅有的唯一危险的地点。

有些人觉得现代机器制造的文明对他们简单的鉴赏力来说太复杂了，有些人更喜欢和平、安静，而不是吵闹、匆忙、生气、嫉妒的竞争对手。据说这些岛屿可以给这些人提供更令人惬意的家园。我猜想这些岛屿比百老汇大街的角落和第 42 大街更宁静。但是它们离我们太远了。难道，这些地方真的生长了一种可以让普通人逃避开自己的草本植物吗？

Van loon geography

房龙地理（下）

第四十五章

“阳光灼热的地方”——非洲

非洲和澳大利亚一样是一块古老大陆的残余部分，而这块古老大陆的绝大部分在几百万年前就消失在了大海的汹涌波涛之下。到近期为止，非洲依然与欧洲相连。从地理的角度来讲，阿拉伯是撒哈拉沙漠的延续。马达加斯加岛上有非洲、亚洲及澳大利亚的植物群和动物群，这表明生命最初在地球上出现时期可能有一块陆地是与这三块大陆相连的。

在我们能够评论说它是如此这般而不是那样的之前，我们需要查找更多的数据，这是一件很复杂的事。这个时候，提及这些理论恰如其分。这些理论告诉我们，地球表面是处于永恒的变化中的——没有什么东西今天和昨天是一模一样的，如果100万年前的祖先看我们现在的地图（如果他们很久以前就学会了飞，并且已经飞到了其他更大的星球上，但是依然对我们这个可笑的小星球感兴趣的话）的话，会掩饰不住他们的惊讶，正如我们看到一张第三纪或第四纪时期的假想地图时会问，“事情曾经是这个样子的吗？”。

古老地区最终留下来的部分和从所谓的“历史时期”之初到现在一直没有

▲ 非洲地图

发生改变的部分组成了两块大陆，一块是较大的正方形陆地位于赤道以北，另一块是较小的三角形陆地位于赤道以南。无论是正方形的大陆还是三角形的大陆，都有一种同样的地质缺陷。它们的外部边缘高于内部地区。因此，内部地区就像一只巨大的浅碟，我们已经看到过同样是这种情况的澳大利亚的例子。一般来说，这对国家是非常不利的。浅碟高高的边缘阻止了从海洋吹来的风渗透到内部地区，因此，内部地区很容易变成沙漠。此外，这种地形也阻碍了内地的河流汇入大海。当非洲的河流最终流入大海的时候，它们已经走过了很漫长的路，它们必须穿过很多高山，这就意味着这些河流要忍受经过多次小瀑布和大瀑布的痛苦，这也意味着船不能通过这些河流到达国家内陆地区，这又意味着要等人工港和能够绕开这些瀑布的铁路建造好以后才能开展贸易。简而言之，意味着与世隔绝。

对我们大部分人来说，非洲仅仅是一块“黑色的大洲”，提起非洲我们常常就会想到热带森林和黑人。事实上，非洲1130万平方英里（面积是欧洲的三倍）的土地上有1/3是完全没有任何价值的沙漠。这里的14亿人口可以被分成三部分：其一是黑色的黑种人，另外两种是含米特人和闪米特人。其中，含米特人的肤色是黑巧克力色，而闪米特人的肤色是光亮的象牙白色。

黑人比他们肤色较浅的邻居更为吸引我们的注意，这是很自然的事。不仅仅因为我们第一次看到他们的时候他们给我们留下了古怪的印象，还是因为我们的祖先错误的经济观念使全世界都认为他们是一种廉价而且易驯服的劳动力。想起这种判断上的不光彩的错误并不总是一件令人愉快的事。因为黑人奴隶是最不幸的人，他们的不幸跨越了白人和黑人这两个种族。我们先谈谈非洲一会儿再说黑人奴隶吧，毕竟非洲的历史比黑人奴隶的出现要早得多。

▲ 1890年时，一个柏柏尔人家庭在渡河

含米特人居住在埃及的尼罗河流域，希腊人想必对此很熟悉。含米特部族在很早的时候就占领了非洲北部地区，并且把原先居住在这里的肤色更黑的居民朝苏丹的方向向南方驱逐了，他们还把地中海北部边界的土地作为自己专用的领地。含米特其实是个表达的并不明确的词，与典型的瑞典人或中国人不同，世界上没有典型的含米特人。含米特人是雅利安人、闪米特人、黑人和一些更古老种族的混合体。其中的更古老的种族是在这些从东方来的入侵者到来之前就已经生活在这里了。

当他们到达非洲的时候，他们仍然处于发展阶段中的游牧部族阶段，因此他们散布于尼罗河流域，向南到达阿比西尼亚，向西到达大西洋沿岸。阿特拉

▲ 埃塞俄比亚人民反抗意大利入侵　组图

斯山上的柏柏尔人是纯粹的含米特人——或者说是含米特人所能达到的最纯的程度。还有撒哈拉的一些游牧民族，也是含米特血统。另一方面，阿比西尼亚人与闪米特人的混合使得他们丧失了很多含米特人的特征。虽然经过几千年与其他种族的通婚已经变得不可辨认，但是尼罗河流域骨骼瘦小的农民确实也是含米特血统的人。

一般说来，当我们试着给不同的种族归类的时候，常常会求助于语言。但是在非洲北部地区，语言几乎帮不上什么忙。有的闪米特部族只讲含米特语，有的含米特部族只讲阿拉伯语，同时，埃及古老的基督徒——科普特人，是唯一保留了古老的含米特语言知识的人。很明显，对这个问题，希腊人和罗马人跟我们一样迷茫。他们解决这一难题的方式就是，把所有来自这一地区的人都称为“埃塞俄比亚人”或者“黑人”。他们对这些人建造的金字塔和斯芬克斯的像黑人一般的嘴唇（或者是含米特人的嘴唇？问教授去吧！）而感到惊奇，他们对这里长期饱受折磨的农民的耐性、数学家的智慧和医生的学术感到钦佩。但是他们似乎从来不会自寻烦恼地问这些人可能来自哪里，他们把这些人称为埃塞俄比亚人。

在此提醒一句，如果你去北非的话，不要因为他们的皮肤是黑色的就把所有这些人都称为黑人。他们可能会对这个词感到很愤怒，他们中的一些人可是世界上最好的战士，他们有征服了整个西亚的埃及勇士的血统。他们可能是曾经几乎夺走了罗马在地中海地区统治地位的闪米特族迦太基人的后裔。他们可能是不久以前横行欧洲南部的阿拉伯征服者的曾孙。法国试图征服阿尔及利亚以及意大利试图在突尼斯夺得立足之地时，阿尔及利亚的酋长们曾发动了规模宏大的战争，而这些人可能就是那些阿尔及利亚酋长的孩子。纵然他们的头发有点弯曲，请小心并且记住 1896 年那个重大的日子——卷头发的埃塞俄比亚人把白皮肤的意大利人推进了红海之中。

欧洲人成功跨越地中海以后看到的第一个人就是含米特人，有关含米特人的介绍就到这里吧。关于闪米特人，也几乎没有什么内容好补充的了，当汉尼拔把被驯化的大象引进到波河平原的时候，欧洲人就和闪米特人进行了很令人伤脑筋的交往。迦太基人被消灭以后，通往非洲的路就畅通无阻了，但是很奇怪的是，很少有欧洲人利用这次机会去看看被罗马人命名为努米底亚的这片广阔的沙地之外是什么。

尼禄是所有君主中第一个对非洲探险产生了浓厚兴趣的君主。很显然他的探险队曾经远及法梭达村，这个村庄在30年前差点成为法国和英国之间爆发战争的起因。但是即使如此，在很久以前的那个时候，尼禄的尼罗河探险队似乎也不是向南方走得最远的白人探险队。现在看来，似乎在几个世纪以前迦太基人就已经穿越了撒哈拉大沙漠到达了几内亚湾。但是迦太基人被消灭了，所有有关非洲中部的知识肯定也随之失去了。即使是最优秀的探险队员面对撒哈拉大沙漠这个障碍时也会感到很惊恐。当然了，他们可能是顺着沿海地区前进的，但是这里缺乏海港，这就使得淡水的供应问题几乎成了一个不可克服的障碍。非洲的海岸线仅 1.6 万英里，欧洲的面积仅是非洲的 1/3，但是欧洲的海岸线却长达 2 万英里。因此，如果哪个航海者想要在非洲海岸一处地方登陆的话，只能在离陆地几英里的地方抛锚，然后乘坐小船穿越拍岸浪花到达陆地，这一过程十分不舒服也很危险，所以很少有人试过。

直到 19 世纪初我们才对非洲的地势有了一定的了解，尽管如此，这些信息的得来也是纯属偶然。因为非洲西海岸的第一批探险者葡萄牙人在去印度的路上要经过这片土地，虽然他们对这片满是赤裸黑人的土地不感兴趣，但是如果不绕过这块大障碍的南部地区就不能到达印度和中国，所以他们只能小心地沿非洲海岸摸索他们的道路，就像一个盲人试图走出一间陌生的房间一样。他们沿途发现了很多岛屿，虽然他们并不是有意要寻找，比如亚速尔群岛、加那利群岛及佛得角群岛等。1471 年，他们到达赤道。1488 年，巴塞洛缪 · 迪亚斯发现了风暴角，即现在的好望角。1498 年，达 · 伽马绕过好望角最终找到了一条从欧洲到印度最近的路线。

欧洲到印度最近的路线被找到以后，非洲又一次淡出了人们的视线。对航行来说，它只是一个障碍物，对人们来说它不是太热太干燥就是太热太潮湿。而且居住在这里的人都是未开化的野蛮人。16–17 世纪时候的船长在去东方的路上，只有在有水手患了坏血病和死亡率很高的时候，才不得不在不同的岛上做短暂的停留，并购买一些新鲜的蔬菜，这些岛有：亚速尔群岛、阿森松岛和圣赫勒拿岛。非洲大陆对他们而言是邪恶的土地，他们都对这里敬而远之。如果不是一位“仁慈”牧师的踏上了这片土地，可能这片广阔大洲上的异教徒还继续过着和平的生活。

巴托洛梅·德·拉斯·卡萨斯的父亲曾随哥伦布进行了第一次发现美洲的航行，他本人被任命为墨西哥恰帕地区的主教。他得到一块土地作为对他所做出的贡献的奖赏，生活在这块土地上的印第安人也归他所有。换句话说，他变成了一个普通、平常的奴隶占有者。生活在新大陆的每一个西班牙人都有一定数量的印第安人为他服务。这是一个邪恶的体系，但是这个体系跟许多其他邪恶的体系一样，被人们所容忍了。因为，如果事关所有人就相当于与任何人都无关。有一天拉斯·卡萨斯清楚地意识到这种体系是多么罪恶，这对原来的土地拥有者是多么不公平。原来的土地拥有者现在被迫在矿井里劳动，干各种卑贱的差事，而他们现在所干的这些事在他们自由的时候甚至从来没有接触过。

他去西班牙做了一些有关这方面的事，最有权势的红衣主教杰梅尼斯——即伊莎贝拉皇后的听告解神父，认为他是正确的。任命他为“印第安人的保护者”并派遣他回到美洲写一篇报告。拉斯·卡萨斯回到墨西哥以后发现他的长官对这个话题十分冷淡。印第安人已经被赠送给基督徒并且听从基督徒的驱使，就像田地里的牲畜、天空中的鸟、大海中的鱼一样。为什么要开创一种会完全打翻新大陆的经济体系并且会严重影响盈利的事情呢？

然后，很认真地对待上帝赋予其使命的拉斯·卡萨斯想到了一个聪明的主意。印第安人宁愿死也不愿意被拘禁，这在海地已经得到了证明，海地本地人的数量在不到15年的时间里从100万锐减到了6万。但是非洲的黑人似乎并不在乎成为奴隶。1516年（新大陆历史上一个可怕的年份）拉斯·卡萨斯公布了他著名的完全解放印第安人的人道主义方案的所有细节。生活在新西班牙的每一个西班牙人都有权利进口12个非洲黑人。印第安人可以回到自己原来的农场上去，当然了，现在他们的农场是被移民剥夺了最好部分以后剩下的土地。

可怜的拉斯·卡萨斯的生命长到足以使他真正意识到他都干了些什么。深重的羞耻感（他是一个诚实的人）使他退隐到了海地的一个修道院。后来他又回到公众生活中来，再次试图为不幸的异教徒们而战。但是没有人能听进去他的话。1556年他去世的时候，把印第安人更为紧密地束缚在土地上的新法案正在进行，非洲的奴隶贸易也正在最活跃的时期。

存在了300年的奴隶贸易对非洲来说意味着什么，我们只能从流传至今的一些可靠数据中猜测得知。实际上捕捉奴隶的事不是白人完成的。可以在整个逐渐皈依了伊斯兰教的北部地区任意游走的阿拉伯人垄断了这种非法勾当。从1434年起，他们就会偶尔卖给葡萄牙人一整船的黑人。从1517年以后他们的成交量开始变得很大，他们也从中攫取了大笔财富。查理五世（他来自著名的哈布斯堡家族）授予他的佛兰芒朋友一种特权，那就是他这位朋友可以每年运送4000个非洲奴隶到海地、古巴和波多黎各。这位佛兰芒人马上就以25000金币的价格把这项特权卖给了热那亚的一位投机商。这位热那亚商人又把这项特权转手卖给了一个葡萄牙人的联合组织。这些葡萄牙人来到非洲联系到这些阿拉伯商人，然后阿拉伯商人劫掠一些苏丹村庄直到凑够1万个奴隶（必须考虑到在航行途中会有很大一部分人口损失），然后这些奴隶就会被装进一艘气味难闻的大帆船中漂洋过海运送到目的地。

有关这种新出现的很容易的致富方法广为流传。把世界分为两部分，一部分属于西班牙，一部分属于葡萄牙的教皇诏书禁止西班牙人亲自到达的“奴隶海岸”。买卖和运输这种黑色商品的交易就落入了葡萄牙人手中。但是葡萄牙人的影响力被英国和荷兰打破以后，奴隶贸易就变成了这两个基督教国家的特权。他们继续向全世界提供这种“黑色象牙”（布里斯托尔和伦敦的商人对黑人奴隶的戏称），直到

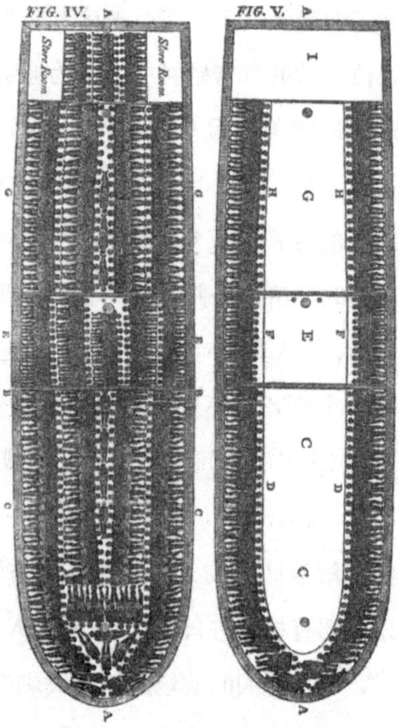

▲ 一艘运黑人奴隶船的平面图

图中的白点是密密麻麻的奴隶，拥挤程度可见一斑。

1811 年，议会最终通过了一项法案，把奴隶买卖列为一项重罪，如有违反，不仅要处罚金而且要把违法者发配充军。但是从 1517-1811 年，这是一段相当漫长的时间，后来尽管在英国军舰的监督之下，奴隶走私又持续了 30 年。19 世纪 60 年代早期，所有的欧洲和美洲国家都明确废止了奴隶制以后（阿根廷 1813 年废止，墨西哥 1829 年废止，美国 1863 年废止，巴西 1888 年废止），奴隶贸易才真正走到了尽头。

奴隶贸易在欧洲统治者和政客们的眼中有多重要？这从他们为了自己国家的专有利益而努力获得奴隶贸易的垄断权就可以得到证明。英国的几个商人一直控制着出口奴隶给西班牙的贸易，西班牙拒绝签订继续买进奴隶的合同之后，在英国和西班牙之间为此甚至发动了一场战争。著名的和平条约《乌德勒支协约》有一条规定把西印度的奴隶垄断权从荷兰转到了英国人手中。1620 年把第一批非洲奴隶送到了弗吉尼亚的荷兰人也不甘落后，他们加紧促成了一项在威廉和玛丽当政期间通过的法案，该法案把荷兰殖民地的奴隶贸易对世界上所有国家开放。事实上，荷兰西印度公司令人愤慨的疏忽造成了新阿姆斯特丹的损失，西印度公司能够免于破产，仅仅是因为他们从奴隶贸易中获取了大量钱财。

▲ 奴隶制废除后黑人的婚礼

有关这一主题的数据非常少，因为奴隶贩子并不是对自己的事业有科学兴趣的人，但是我们现在所有的数据却是骇人听闻。法国红衣主教拉维格尼亚，也是迦太基大主教、著名的皮埃尔·布兰克斯的创始人，也是一个对非洲事务十分了解的人。据他估计，非洲每年因为奴隶贸易最少损失20万人，包括在长途航运中死去的人、因为太过年幼没有任何价值被扔给了野生动物而死的孩子、还有那些确实被运到了外国海岸的人。

另外一个有能力的法官，利文斯通博士，证明说每年从他们国家被带走的奴隶是35万人（不算因为没有任何保护措施就被丢弃从而导致死亡的人），其中只有7万人真正到了大洋的另一边。

1700–1786年，不到60万奴隶被活着带到了牙买加。同时期，200多万奴隶被英国两个小规模的奴隶公司从非洲带到了西印度。18世纪末，利物浦、伦敦、布里斯托尔组建了一支由200艘船组成的舰队，总共可承载47000位黑人，这支舰队定期在新几内亚湾和新世界之间往返。1791年，公谊会教徒和奴隶制的反对者们开始了反对这种暴行的活动，一项调查表明，贝宁海岸遍布奴隶贸易公司，其中英国公司14家，荷兰公司15家，葡萄牙公司4家，丹麦公司4家，法国公司3家，其中英国公司是最有能力的，因此他们操纵着一半的奴隶贸易，其他的4个国家瓜分了另外一半贸易份额。

对于发生在非洲大陆的恐怖的事情我们知之甚少，直到后来英国为了彻底铲除这种贸易在沿海地区寻找更多违法者时，我们才有所了解了。这时人们才发现许多本地的酋长也在主要的违规者之列，他们毫无道德地贩卖自己的臣民，就像18世纪时期的德国统治者为了镇压弗吉尼亚州和马萨诸塞州小规模的叛乱而把自己新兵团卖给英国一样。奇怪的是，通常这种交易的组织都掌握在阿拉伯人手中，《古兰经》很不赞成这种行为，总的来说，伊斯兰教的法规比基督教过去的法令对奴隶更为仁慈。根据白人的法令，一个奴隶和她的主人所生的孩子依然是个奴隶，但是根据《古兰经》的规定，这个孩子必须沿袭父亲的地位，因此这个孩子应该是自由的。

比利时的利奥波德开发了刚果，对为他陛下劳动的廉价劳动力的需求使得葡萄牙殖民地安哥拉和刚果盆地之间的奴隶贸易出现了短暂的复兴。幸运的是那个可恶的老头（现代民主国家立宪制政体的宝座上却是一个中世纪时期的恶棍，这是长期以来所能看到的最奇怪的矛盾）死了，刚果自由王国被比利时接管了，这意味着从人口买卖中获取暴利的最后一次尝试也走到了穷途末路。

白人和黑人的关系一开始就很不幸，接下来也同样糟糕。下面我将以尽量简略的语言表述一下出现这种不幸状况的原因。

白人在亚洲面对的是跟他们一样文明或者比他们的文明更加进步的种族，这就意味着这些东方民族有能力同他们抗衡，因此白人必须留心自己的所作所为否则就得自己承受苦果。

18 世纪 50 年代在印度发生的印度士兵大反叛，20 年前东南亚有色人种大暴动差点夺走归属荷兰的爪哇岛，日本驱逐所有外国人，几年前中国发生的义和拳运动，印度现在的动乱以及日本公然违抗欧洲和美洲发出的有关满洲的通牒，这些都是白人不容忽视的教训。

▲ 希阿岛的屠杀

这幅油画叙述的是希腊人民为反对土耳其人的压迫，所引起的一场战争中的悲惨经历，画作展出后，引起了西方世界的震惊。而16 世纪白种人在非洲对土著人的屠杀和奴役，远胜于此。

白人在澳洲面对的是石器时代遗留下来的可怜的野蛮人，他们在这里可以像杀掉吃了他们羊的野狗一样任意杀死这些野蛮人，也不会受到很大的良心谴责。

当白人到达美洲的时候，美洲的大部分地区是不适合人居的。海拔较高、发展较好的美洲中部高原以及安第斯山的西北部（墨西哥和秘鲁）人口密集，其他地区几乎空无一人。少数几个游牧民族很容易就可以被驱逐出去，然后疾病和恶劣的环境会完成剩下的事。

但是在非洲情况就完全不同了，在非洲，即使这里有奴隶制度、有疾病、有劣质的杜松子酒及很差的医疗条件，但人口依然不会灭绝。白人早上杀戮的人口，第二天就又会有新增人口替补上。白人坚持要夺走黑人的财产，这就引发了一场血腥的大屠杀，类似于这样的大屠杀世上很少见到，而且现在还没有结束。这是一场白人的火药和黑人的热带财富之间的战斗。

我们来看一下地图，你就会对事情现状有个大致的了解。

粗略地说，非洲可以被分成 7 部分，这 7 部分我会逐一介绍。我们从左上角开始，西北部是臭名昭著的柏柏尔海岸。无论何时，当我们的祖先从欧洲北部驶往意大利和黎凡特的港口不得不途径这一地区时都会恐惧地发抖。因为这里是可怕的柏柏尔海盗的地盘，在这里被他们俘获就意味着要做好几年的奴隶，直到故乡的家人凑够了足够赎回这些可怜的亲人的钱，他们才能重获自由。

这一整片地区都由高山构成，非常高的高山，这些高山可以解释为什么这一地区必须按照它过去所做的那样发展，也解释了为什么现在这里还没有被白人攻占。这些山都很险峻，到处都是可设埋伏的地点和深深的峡谷，因此即使是一群不太聪明的抢劫团伙都可以在这里成功地进行攻击抢夺然后迅速消失。

相对而言飞机和远程大炮在这里几乎派不上用场。就在几年前，西班牙人曾同住在这些山地地区的人交过手，但是几场战役都以西班牙人的惨败而告终。我们的祖先知道这些，所以他们宁愿每年给统治这片非洲海岸的不同的苏丹人献上贡物，也不愿意以他们的海军和名声为代价冒险闯进不允许白人进入的海港。他们在阿尔及尔和突尼斯都设有特别领事，这些领事的职责就是为被俘获的臣民安排付赎金救人事宜，他们赞助那些除了照顾不幸落入摩尔人手中的水手的命运外没有其他目的的宗教组织。

从政治上来讲，非洲西北角被分成了单独的 4 部分，而这 4 部分又都听命于巴黎。渗透和占领的进程是从 1830 年开始的。一个很普通平常的苍蝇拍是敌对行动爆发的直接原因，但是其真正原因是地中海西北地区古老而公开的丑闻——海上掠夺。

在维也纳会议上，欧洲强国决定“必须做一些事”来镇压地中海上的海盗行为，当然了，这些强国决定不了由谁来承担这项重任，因为获胜者可能会把一些地区据为己有，这样的话对其他国家来说是很不公平的——这是外交会议上常常会发生的故事。

有两个阿尔及利亚的犹太人（非洲北部的所有交易一直被犹太人控制了好几个世纪）向法国政府索取在拿破仑当政以前就运送给法国政府的谷物——这是在旧世界的和新世界的法庭中永远都在发生的索赔案中的一个旧案例，类似的事情在过去两个世纪的时间里是很多起纠纷的起因。如果所有国家都像个人一样及时偿付账单的话，我们所有人现在肯定过着更幸福更安全的生活。

在关于谷物账单的协商过程中，有一天阿尔及尔的总督发脾气了，用他的苍蝇拍打了法国领事，然后就发生了封锁和开火射击事件（也许只是出于偶然，但是在周围有战舰包围的地方总是会发生这种事），法国的一支远征队跨过了地中海，1830 年 7 月 15 号，法军开进阿尔及尔，阿尔及尔总监先是被投入监狱后来又被流放。战争发展到了最严重的地步。

这些山地居民推举一个虔诚的伊斯兰教徒做了自己的领袖，这就是阿卜杜·卡德尔，他是一个很有智慧和勇气的人。他同侵略者顽强抗战了 15 年，直到 1847 年才投降。法国先前承诺过他可以继续呆在自己的国家，但是后来，法国人违背了诺言，他被带到了法国。在他答应再也不会打破自己祖国和平的情况下，拿破仑三世准许他重获自由。阿卡杜·卡德尔退居大马士革，他的余生都在哲学思考和虔诚信教的活动中度过了。1883 年，阿卡杜·卡德尔死于大马士革。

在阿卜杜·卡德尔去世之前，阿尔及利亚的最后一次反叛就被镇压下去了。现在的阿尔及利

◀ 阿卜杜·卡德尔 (1808–1883)

阿尔及利亚抗法战争的民族英雄，著名的诗人和学者。

亚仅仅是法国的一个属国。这里的人民有权利选择自己的代表在巴黎的法国议会中保护他们的利益。这里的年轻人有获得应征入伍加入法国的军队这样荣誉的机会，但是这完全不是可以自由选择的事。从经济的角度来看，法国做了许多杰出的工作改善了它的新臣民的生活条件。

阿特拉斯山和大海之间的泰尔平原盛产谷物。夏特高原是以许多小型盐湖命名的，这里是适合放牧的地区，山坡地带越来越多地被用来酿造葡萄酒，为给欧洲市场种植热带水果而建造的大型灌溉设施正在施工之中，这里的铁矿和铜矿也已经被勘探出来了，铁路把这些矿藏和地中海的三个主要港口阿尔及尔（首都）、奥兰和比塞大连接了起来。

突尼斯在阿尔及尔正东部，名义上仍然是有着自己国王的独立国家，实际上从 1881 年起，它就属于被法国保护的国家了。因为法国没有多余的人口，所以这里的大部分移民是意大利人。意大利人搬迁到这里以后同当地的犹太人竞争很激烈。犹太人好几个世纪以前，在这里还是土耳其领地的时候，就搬到这里来了，因为他们在这里能比在基督徒的统治之下得到更好的生存机会。

居首都突尼斯之后最重要的城市是斯法克斯。2000 年前的突尼斯国比现在具有更大的重要性，因为当时它是迦太基地区的一部分。曾经可以容纳 220 艘船的海港虽然现在只剩下了一点遗址，但是透过遗址依稀可以看出当年的风姿。如果罗马人想做一件事的话就会做得很彻底，他们对迦太基人的仇恨（当然是因为恐惧和嫉妒引发的）就是这样，当他们最终于公元前 146 年占领了这座城市以后，没有留下一栋房屋，他们把这里夷为平地，被烧焦了的遗址躺在距现在地面的 16 英尺处，这就是那个曾经人口数接近 100 万人的大城市。

非洲西北角是官方认可的独立摩洛哥苏丹国，苏丹依然存在，但是从 1912 年起，苏丹就变成了法国的傀儡，他的作用无足轻重。生活在阿特拉斯山上的卡比尔人用壕沟很好地保护着自己，所以不必为远方的国王烦恼。国王为了安全的缘故频繁地轮流在他的两个城市中生活，一个是南方的摩洛哥，一个是北方的圣城斐兹。附近的山峰是很大的威胁，以至于生活在山谷里的人从不去耕种他们的田地，反正他们成熟的庄稼也会被偷走的。

任何人都能说出很多法国的统治对这部分地区造成的不利影响，但是当提

▲摩洛哥阿加迪尔码头

到公共高速路的安全时，他也不得不表示赞叹。他们把政府中心移到了大西洋边上的拉巴特，这里的地理位置使得在需要的时候，法国海军可以向他们伸出援手。拉巴特南方几百英里处是大西洋海岸上另一个港口阿加迪尔，这个港口在世界大战爆发的四年前出人意料地变成了众人瞩目的焦点，当时德国派遣一艘战舰驻扎这里，用以提醒法国，摩洛哥肯定不会变成另一个阿尔及尔。这次事件有力地推动了 1914 年最终灾难性战争的爆发。

在摩洛哥境内，直布罗陀海峡对面的一个小角落是西班牙的殖民地。法国占领摩洛哥以后，把这块小角落当作表示和解的礼物送给了西班牙，这里的两个城市休达和梅利利亚因为最近报纸上常常提到的西班牙军队惨败给了当地人——即山地卡比尔人的故事而为人所知。

里夫山脉西边是国际化都市丹吉尔，18 世纪和 19 世纪时期被派往摩洛哥苏丹宫廷的欧洲使节曾经居住在这里，因为苏丹不想让这些使节离他的宫廷太近，于是就选择了丹吉尔作为他们的居住地。

整片三角形山地的未来不再是一件值得怀疑的事了。在未来的 50 年里，这一片区域连同非洲第二部分自然区域都将成为法国的领地。接下来我们就讨论一下第二部分自然区域，即棕色的大沙漠——我们现代地图上的撒哈拉大沙漠。

▲ 利比亚西南部撒哈拉沙漠中的移动沙丘

撒哈拉沙漠约形成于250万年前，是世界上最大的沙质荒漠，世界第二大荒漠，仅次于南极洲。

撒哈拉大沙漠的面积几乎跟欧洲的面积一样大，从大西洋一直延伸到红海，甚至红海另一端的阿拉伯半岛也属于它的延伸范围。除了摩洛哥的三角形阿特拉斯山、阿尔及尔和突尼斯，撒哈拉大沙漠向北一直延伸到地中海，向南延伸到苏丹。撒哈拉沙漠是一座海拔并不太高的高原，大部分地方的海拔是1200英尺。到处散布着被风沙侵蚀的古老山脉的残余部分。这里有许多绿洲，绿洲里的地下水可以让一些节俭的阿拉伯人勉强维持生存。这部分地区的人口密度为每平方英里0.04人，这意味着撒哈拉沙漠里几乎无人居住。沙漠游牧民族里最著名的是图阿雷格人，这个部族里的人都是出色的战斗者。其他撒哈拉沙漠里的居民是闪米特人（或者说阿拉伯人）和含米特人（或者说埃及人）的混合人种以及苏丹黑人。

法国的国际军团出色地完成了维护旅客安全的任务。这些法国国际军团的士兵虽然有时候会有点粗鲁（顺便说一句，在法国是绝对不允许他们这么做的），但他们确实是面临着一个很棘手的问题，那就是，仅仅靠几个人难以治理像欧洲那么大的土地，干这种工作的人并不是圣人。因此，也许我们应该相信传闻中的说法，很少有圣人被鼓励去应征入伍。古老的商队之路开始失去了它们的重要性，装有拖拉机那样轮子的汽车取代了难闻的骆驼。这种汽车花费更少，而且对于长途旅行来说也更为可靠。成千上万头骆驼聚集在廷巴克图，在这里装载上盐后运送给撒哈拉沙漠西部人群的时代一去不复返了。

直到1911年，撒哈拉沙漠靠近地中海的那部分地区都被一位当地的帕夏（过去土耳其和北非授予军官和文职官员的一种头衔）所统治，这位帕夏承认土耳其的苏丹是他的君主。就在这一年，当意大利知道，只要不挑起与德国之间的战争，法国就会占领摩洛哥的时候，才突然想到，利比亚（的黎波里的拉丁名字）曾经是繁荣的罗马殖民地。他们跨越地中海占领了非洲这片40万平方英里的土地，他们在这块土地上升起了意大利的国旗，还礼貌地问世界其他国家对这块土地有没有什么安排。没有人对的黎波里有什么特别的兴趣所以这些恺撒的后代就得以拥有这块新的殖民地，他们现在正忙于在这里修建道路并且试图在这里种植棉花供应给伦巴第的纺织厂。

这块意大利殖民地的试验品的东部边界到达埃及。这个国家得以繁荣的大部分原因在于它其实是个岛屿，利比亚沙漠把它与西部其他地区分开，努比亚沙漠又保护着它的南部地区，红海和地中海又分别是它的北部和东部边界。真正的埃及，即历史上的埃及，是古代法老的土地，是古代世界艺术、知识和科学的大仓库，坐落于一条几乎与密西西比河等长的河流的河岸上，这是一块窄小狭长的土地。不包括沙漠在内的实际上的埃及比荷兰还要小，荷兰能养活700万人口，而尼罗河流域是如此的富饶，所以这里的人口数是荷兰的两倍。英国建造的大水利灌溉工程完成以后，这里将能容纳更多的人口。但是这里的农民（耕耘土地的人，他们几乎无一例外都是穆斯林）将来还是必须依附于他们的农场，因为对于一个既没有煤也没有水力资源的国家来说，要发展工业是很不容易的。

自从8世纪的穆斯林大征服之后，埃及就被划归土耳其的领土，但是埃及的总督或国王是埃及人。1882年，英国找借口占领了埃及，其借口就是埃及的经济状况糟糕得令人绝望，这样它以欧洲有能力胜任挽救埃及经济这一任务的强国身份干预埃及就显得很合理了。世界大战以后埃及人要求夺回埃及的声势愈演愈烈，英国不得不宣布放弃他们的宣言，这样埃及再次作为一个独立王国的身份得到了承认。埃及得到了可以决定同其他国家之间除商业协议以外的其他各种协议的权利，而商业协议必须首先被呈送给英国决断。英国军队从除塞得港外的所有埃及城市撤离。最终埃及还被迫答应亚历山大港（自从河流三角洲上的达米埃塔港和罗塞塔失去其重要性以后亚历山大港就变成了地中海上的主要商业港口）要继续作为英国的海军基地。

这是一个十分慷慨的协议，同时也是一个绝对安全的协议，因为其间英国

▲ 19 世纪 60 年代末苏伊士运河首次通航情形之一

苏伊士运河是世界上使用最频繁的航线之一，也是非洲和亚洲的分界线。它是一条海平面的水道，贯通苏伊士地峡，连接地中海与红海，大大缩短了大西洋到印度洋的航路。

已经占领了苏丹的东部地区，而尼罗河正好流过这里。英国人控制了 1200 万矮小棕色的埃及人赖以生存的尼罗河，他们确定以这种方式可以总是或多或少地使远在开罗的人明白他们真正想要什么。

然而任何一个熟悉近东地区政治形势的人都不会为英国试图牢牢控制这部分地区而责备它。通往印度的捷径——苏伊士运河全程都流经埃及地区，如果让其他人控制这条含盐的贸易大动脉对英国来说无异于毁灭性的危险。

当然了，这条运河不是英国挖凿的。事实上，从一开始英国政府就尽其所能阻止德·雷塞布开凿任何运河。英国反对这一计划的原因有两个。首先，拿破仑三世一再重复陈词说这条由法国出资，法国工程师主持建造的运河仅仅是一次商业冒险，英国对此说法一点都不相信。维多利亚女王可能喜爱在图伊勒里宫的这个兄弟，因为这位兄弟曾在她钟爱的臣民差点为了面包而暴动的时候，作为伦敦的特别警察做出了很大贡献。但是普通的英国人一点都不喜欢听到这个名字，因为这个名字总会让他们想起半个世纪以前的一场噩梦。其次，英国害怕这条通往印度、中国和日本的捷径会严重影响它在好望角的城市的繁荣。

然而，苏伊士运河最终还是建成了。威尔第先生为纪念这一时刻谱写了著名的歌剧《阿依达》。总督免费为所有外国游客提供食宿和《阿依达》歌剧的门票，这使得他都破产了。当这些外国游客乘船从塞得港到运河在红海的终点站——苏伊士去野餐的时候，他们坐满了不少于 69 条船。

然后，英国改变了自己的策略，换了新首相。首相本杰明·迪斯累利来自一个从不缺乏商业才智的种族，他设法控制了曾经属于埃及总督的运河的大部分股份。拿破仑不再具有什么重要性了，这条路被证明是上帝赐给亚洲和欧洲之间贸易的通道。每年仅税收（1930 年有 2800 万吨的吨位通过该运河）一项收益就有将近 4000 万美元。英国政府方面再没有什么怨言了。

顺便说一下，这块土地上遍布着埃及著名的古迹。你会发现金字塔就在开罗附近，孟斐斯市曾经坐落于这里。埃及上部的古老都城底比斯位于河流上游几百英里的地方。不幸的是，巨大的灌溉工程阿斯旺大坝把菲莱的庙宇变成了完全被尼罗河的泥水包围的数座小岛，这里注定难逃被彻底毁灭的厄运。图坦卡蒙国王（死于公元前 14 世纪）的坟墓也在埃及的这部分地区，这里还有很多其他国王的坟墓，他们生前的家庭财产和他们的木乃伊都被收集在开罗博物馆里，开罗博物馆正在快速变成一座墓地，同时也是世界上最有趣的古迹收藏地之一。

地理方面与其他所有部分都不相同的非洲第三部分是苏丹。苏丹几乎与撒哈拉大沙漠平行，但是并没有向东延伸那么远，它到阿比西尼亚高原就结束了，阿比西尼亚高原把它与红海分割开来。

现在在国际桥牌大赛中，非洲被用来作为赌注。当一个国家喊出“三张黑桃”，其他国家马上就会喊出“四张方块”。英国在 19 世纪初期的时候从荷兰人手中夺走了好望角。好望角原来的居民是荷兰人，而且十分倔强。他们把他们的财物打包好放进有篷马车里，套上牲口，艰难地向北跋涉（这些都是很好的英语单词，从最近的布尔战争以来，你能在任意一本好字典里找到这些词）。英国玩的游戏是俄国在 16 世纪征服西伯利亚的时候曾经玩过的。你记得它是怎么玩的吧。当足够的俄国逃亡者在西伯利亚的一个新地区定居下来以后，沙皇的军队紧随而来并且通知他们说，因为他们原来都是俄国的臣民，所以他们新近占领的这块土地理所当然地属于俄国的资产，莫斯科的政府会告诉他们，什么时候收税的人会来征税。

英国人一直跟随着布尔人向北行进，试图吞并他们的领地。这其中发生了几次非常令人不快的冲突。布尔农民大部分时间都在户外度过，因此他们比来自伦敦东区的这些部队里的人的射击本领更高。从 1881 年的马珠巴之战后（在

▲ 第二次布尔战争

布尔战争(Boer War)，是英国人和布尔人之间为了争夺南非殖民地而展开的战争。

这次事件中受人尊崇的格莱斯顿，在战败后做了一次令其他所有政客纷纷仿效的有关忍耐克制的演说，“正因为昨夜我们被打败了，我们的自尊受到了伤害，为什么我们还要流更多的血呢”！布尔人得到了暂时喘息的机会，他们又重新获得了独立。

全世界的人都知道英帝国和少数几个农民之间的战役会是什么结果。从本地族长手中获取了大片土地的英国土地公司持续不断地向北推进得越来越远。同时，为了在埃及建立统治秩序，英国军队缓慢而坚定地沿尼罗河两岸向南进军。一位英国著名的传教士成功地开发了非洲中部地区并且取得了辉煌的成果。很显然英国正在给自己挖掘一条穿越黑色大洲中心地区的隧道。他们从开罗和好望角同时进行挖掘活动（修建隧道的惯常方式），这两端迟早会在尼罗河和刚果河发源的大湖泊地区会合。英国的火车可以从亚历山大港直达泰普湾（泰普湾是以泰普山命名的，这座形状奇特的平顶山构成了开普敦的自然背景），中途不用倒车。

英国沿一条南北向的铁路线做什么的意图很明显，法国也计划沿一条从西到东的铁路线，即从大西洋到红海，或者说从塞内加尔的达喀尔到法属索马里兰的吉布提行动。吉布提也是进入阿比西尼亚地区的海港，那个时候就有铁路把吉布提与阿比西尼亚的首都亚的斯亚贝巴相连接了。

这样庞大的工程是要花费时间的，我们看着地图考虑到铁路到达像乍得湖这样难以接近的地方之前需要克服的困难，会觉得这要花费很长的时间，实际上花费的时间并没有我们想象得那么长。乍得湖位于尼日利亚北部，铁路最困难的一段就是从这里开始的，因为苏丹东部（现在的英埃苏丹）像撒哈拉大沙漠一样是很不好客的地区。

当一个充满活力的现代强国手中握有资本，尤其是当这个强国看到有机会从一美元中赚取100美分利润的时候，会轻松、简单、无情地炸平它前进道路上的一切障碍，就像一辆坦克轧死一群鹅一样。想要赢回第二帝国丢失的威望的第三法兰西共和国已经足够强大，长筒袜和法国农民隐藏的旧雪茄盒子创造了可观的资本。南北线与东西线之间的竞争发展到了最激烈的地步。从17世纪

▲ 苏丹首都喀土穆街头

初就同英国和荷兰抢夺塞内加尔和冈比亚河之间领土的法国，现在用这块地区作为一个政治上的开启工具，用它来得到整个苏丹无限广阔的土地。

我不能详细讲述法国宣布苏丹西部大部分地区都是它的非洲帝国一部分之前所进行的所有操作、阴谋、外交手段、商业手段、谎言、欺骗和诱骗的细节了。直到现在，它还保持着自己仅仅是许多保护国和委托管理地的临时统治者这样的伪称。但是大家慢慢都了解到了这样的称呼意味着什么。取得了纽约牛奶市场独家控制权的歹徒们，可能还会把他们残酷无情的团伙称呼为“牛奶商人保护协会”。甚至从最为低下的拦路强盗那里很快学会了很多东西的欧洲各国，创造了“委托管理地”这个词，但是其结果都是一样的。

从地理的角度来讲，法国做出了一个聪明的选择。苏丹的大部分地区都是十分富饶的，这也解释了为什么这里的本地人到现在为止，都是居住在非洲所有不同黑人部落中最智慧最勤劳的种族。这里的部分土壤跟中国北部的肥土相同，还有赛内冈比亚（只不过是塞内加尔的另一个名字）与大海之间没有山峰阻隔，所以内陆地区有充足的降雨量可以使这里的人养殖牲畜、种植玉米。顺便说一句，非洲黑人不吃大米，而是吃玉米，他们的玉米粥与我们的玉米羹类似，只不过他们做的不如我们做的精美。他们也是非常杰出的艺术家，他们奇妙的雕刻和陶器在我们的博物馆里展出的时候总会吸引很多人的目光，因为这些作品看起来就像我们的现代主义画家的最新作品。

从白人的观点看来，苏丹人有一个最大的缺点。那就是，他们是先知的狂热追随者，先知的传教士遍布整个北非，所有北非地区的人都皈依了他们的教派。在苏丹，尤其是一个部族，付拉族——族人是黑人和柏柏尔人的混血。他们社会的统治阶级遍布于塞内加尔河的东部和南部，很久以来一直是法国当局的威胁。他们的铁路、公路、飞机、坦克和履带牵引机比当地其他所有苏丹人的设备和《可兰经》里所有的诗节都强大。现在这些付拉人正在学习驾驶小汽车，传奇故事正在迅速让位于汽车加油站。

在法国人、英国人和德国人在苏丹定居之前，苏丹的大部分地区属于富有的本地君主，这些君主靠偷窃彼此的臣民并把他们贩卖为奴而变得富有起来。其中的一些君主臭名昭著，他们属于最残暴者之列。一些在孩提时代看到过亚马逊军队在国家集市上所作所为的人，到现在为止依然对达荷美共和国（贝宁的旧称）的国王和他高效的亚马逊军队记忆犹新。这可能是为什么本地人看到欧洲的战舰出现时几乎没有做什么反抗的原因之一，无论新来的白人统治者有多么贪婪，比起刚被罢免的黑人暴君总是要好很多。

一座沿几内亚湾海岸线走向的山脉把苏丹南部大部分地区与大海分割开来。这就阻碍了像尼日尔河这样的河流在内地发展方面发挥应有的重要作用。以刚果为例，尼日尔河可以在境内绕一个很大的圈子来避开这里的主要群山，但是在河流到达海岸之前，必须穿过这些岩石给自己挖掘一条通道，这就在很多他们最不希望有瀑布的地方（在近海地区）产生了很多瀑布，河流的上游能够通航，但是近海地区却没有人在这样的河流里航行。

尼日尔河这个例子也并不十分正确，因为它是帕克于1805年发现的，当蒙哥·帕克还是一个苏格兰小男孩的时候曾经梦到过这条河流，所以他把自己毕生的精力都用来寻找这条河流。苏丹人虽然没有任何水路却能从他们的陆上商业路线中获取成功，这样的事实可能与尼日尔河的发现有很大关系。尼日尔河上游左岸的廷巴克图变成了非常重要的商业中心，成为了非洲的诺夫哥罗德，各地的人都来到这里做生意，这样的事实可能也与尼日尔河的发现有很大关系。

廷巴克图的声望很大一部分要归功于它古怪的名字，因为它的名字听起来就像非洲一些神秘巫医的魔法配方一样。1353年，阿拉伯世界的马可·波罗－伊本·白图泰曾探访此地。20年以后，它以金子和盐的大市场的身份第一次出现在了西班牙的地图上，中世纪时期金子和盐的价值几乎等同。1826年，当英国少校戈登·赖宁从的黎波里跨越撒哈拉大沙漠最终到达这里的时候，该城已经被图阿雷格和付拉的强盗破坏过多次以后只剩下了一片废墟。少校赖宁在去往海岸的路上被赛内冈比亚人谋杀了，从此以后，廷巴克图不再是另一个神秘的麦加、基发或西藏，而变成了法国军队在苏丹西部统治管理的一个普通平常的目标。

1893年，这里被一支法国军队占领。这支军队由一个海军少尉和6个白人组成，还有12个塞内加尔人陪伴。沙漠部族的力量还没有被消灭，所以很快他们就杀死了大部分白人侵略者，还几乎全部消灭了一支由200个人组成的救援军团，这支军团是从海岸地区登陆来到这里为战败的海军复仇的。

当然了，苏丹西部所有地区落入法国人手中只是时间早晚的问题，非洲中部乍得湖周围地区也是如此，这部分地区更容易接近，因为尼日尔河的一支支流贝努埃河是东西走向，比尼日尔河本身通航条件更好。

乍得湖坐落于海拔为 700 英尺高的地方，但是湖本身却非常浅，深度几乎不超过 20 英尺。与其它大部分内陆湖相比，乍得湖的湖水很新鲜也不含盐。但是这个湖在不断变小，可能到下个世纪就会变成一片沼泽地了。有一条叫做夏里河的河流流进该湖，这条河是条内陆河，发源地离海 1000 英里，河流末端也离海 1000 英里。几乎跟莱茵河等长，这样的比喻比其他任何我能想到的事物都能使你更好地理解非洲中部的领域大小。

乍得湖东边的瓦德山区是尼罗河、刚果河和乍得湖地区的分界线。从政治上来讲它隶属于法国，是法属刚果行政区的一部分。它也标示出了法国影响范围的最后边界，因为它的东边就是苏丹东部了。苏丹东部现在称为英埃苏丹，古人称之为白尼罗河的土地。

当英国开始勘测从好望角到开罗的道路时，他们就决定必须占领这片最有价值的战略要地，否则就要冒险让这片土地落入其他国家手中。苏丹东部是一片沙漠，既平常又简单。尼罗河完全不能通航，这里也没有公路。这里的人民是附近沙漠里贱民，他们的贫穷和不幸超乎想象。从地理的角度来说，这里没有任何价值，但是从政治的角度来讲，它的潜力是无穷的。1876 年，英国劝导埃及总督把这数十万平方英里埃及名义上的领土的管理权委托给戈登将军。这个戈登将军我们曾在中国那一章提到过，他帮助北京政府镇压了太平天国起义。戈登在苏丹呆了两年，这两年期间他在聪明的意大利助手（罗莫罗 · 盖斯）的帮助下完成了一件最必要的事：打破了奴隶贸易中最后一环，击毙了首领，一万多个男人和妇女重获自由，并且被允许返回家乡。

当残酷的清教徒离开苏丹以后，以前那种管理不善和压迫的糟糕状况又开始出现了。结果就爆发了一场要求完全独立的运动，一场“苏丹是苏丹人的国家，我们要夺回所有奴隶贸易”的运动。这次反叛的领导者是穆罕默德 · 艾哈迈德，他自称是马赫迪，即给忠实信徒指出真正穆斯林信仰道路的领袖。马赫迪成功了。

1883 年，他占领了科尔多瓦的欧拜伊德（现在有铁路把这里与开罗相连接），同年晚些时候，他摧毁了一支由1000人组成的埃及军队(这支军队是由赫克斯·帕夏领导的，他是一位为埃及总督服务的英国上校）。与此同时，1882 年，英国将埃及划归自己的保护国之列，马赫迪现在必须同一个更为危险的对手搏斗了。

英国在处理殖民地问题方面很有经验，他们也深知要面对的困难，所以不会急于发动任何轻率的行动。他们这时劝埃及政府从苏丹撤军。戈登将军再次被派到喀土穆去安排埃及守备部队的撤离事宜。但是戈登将军刚到达喀土穆，马赫迪就挥师北上把戈登和他的同伴围困在喀土穆城内。戈登发出了紧急求救信息。但是戈登是清教徒神秘主义者，而当时的英国政府首脑格莱斯顿是圣公会神秘主义者，这两个神秘主义者，一个在泰晤士河边的伦敦，一个在尼罗河边的喀土穆，他们彼此都不喜欢对方。因为他们彼此不喜欢，所以不可能合作密切。

格莱斯顿派出了一支救援远征队，但是这一切都太晚了，当远征队还有几天才能到达喀土穆的时候马赫迪占领了这座城市，戈登也被人谋杀了，这是发生在 1885 年 1 月的事。同年 6 月，马赫迪去世了。他的继承者依然是苏丹的统治者，其统治持续到 1898 年。1898 年，基奇纳率领下的英埃军队把这位统治者旗下的追随者们从大漠中消灭了，重新占领了南到赤道上乌干达的整片苏丹区域。

▲ 戈登被充满仇恨的土著人杀害

英国人为了改善当地人的生存状况为他们做了很多好事，比如说为他们修建了铁路、公路、保证他们的安全、祛除了各种可怕的可以避免的疾病等。总之他们为当地人做了白人通常会为黑人做的所有事，如果这些白人不是那么愚蠢的话，他们就不会期望黑人会为他们所做的这些事心存感激，因为任何有几个世纪殖民经验的白人都很清楚地知道，只要黑人有能力，他们就会在背后对白人开枪。

从亚历山大港和开罗开始的铁路现在向南延伸到了西方的欧拜伊德和东部红海边上的苏丹港。如果在未来几年内有敌人摧毁了苏伊士运河的话，英国依然可以通过这条从东到西穿越埃及峡谷然后再穿越努米底亚沙漠的铁路运送军队。

现在我们必须先回到几年前，看看马赫迪的反叛怎样对非洲的发展起到了最为深远的影响，这种影响与马赫迪自己及马赫迪要变成故土上独立君主的野心没有任何关系。

当马赫迪领导的暴动开始的时候，最南部的埃及军队被迫去非洲中部寻找一处避难所，而当时非洲中部实际上还并不为人所知。1858 年斯皮克在发现尼罗河的母亲湖——维多利亚湖的时候，就已经穿过非洲中部地区，但是人们对艾伯特湖与维多利亚湖之间的大部分土地还是知之甚少。这支埃及军队的指挥是德国医生爱德华·施尼策尔，他的土耳其头衔更为知名，那就是伊门·帕夏，从喀土穆沦陷以后他就消失了，全世界的人都很好奇，在这位领袖身上到底发生了什么？

寻找这位领袖的工作就被托付给了一位名叫斯坦利的美国记者，他的真名叫罗兰兹，他曾经是个可怜的英国男孩，从作坊里逃跑出来以后来到了美国，一位新奥尔良的商人收养了他并且对他很好。斯坦利曾在 1871 年的时候进行了一次寻找利文斯通博士的航行，此后他就享有了美国探险家的盛名。从那时起，英国就开始意识到了至少要从非洲这块大蛋糕上分得一杯羹的重要性，所以伦敦《每日电讯报》与纽约《先驱论坛报》合作分摊了这次航行的费用。这次从东部开始向西进发的探险持

◀ 亨利·莫尔顿·斯坦利（1841–1904）

亨利·莫尔顿·斯坦利，美国记者，闻名的非洲“探险家”。他是帝国主义侵略非洲的代理人和鹰犬，曾深入中非，以搜索戴维·利文斯通和发现刚果河闻名。

续了三年，利文斯通曾经怀疑卢阿拉巴河是刚果河的一部分，此次探险证明卢阿拉巴河确实是刚果河的源头，也证实了刚果河迂回绕行通往大海的路途所横贯过的区域是多么广阔。这次探险还带回来很多有关当地土著部族的奇怪传闻，而以前人们从来不知道有这些部族的存在。

斯坦利的这次探险使全世界的人都注意到了刚果的商业潜力，这也使得比利时的利奥波德建立刚果自由王国成为可能。

当最后伊门·帕夏的命运成为世界范围内关注的话题以后，很自然地，斯坦利被选为最适合去寻找他的人。斯坦利于1887年开启了寻找之旅，第二年他就在艾伯特湖北部的瓦德地区找到了伊门。斯坦利试图劝说这位似乎在本地人中已经拥有了很大权利的德国人为比利时国王服务，这意味着非洲的大湖地区也很可能被划入刚果殖民地的范围内。但是伊门似乎有自己的打算。他刚到达桑给巴尔（他一点都不渴望得到救助）就跟德国当局取得联系，最终德国政府决定再把他送回去，然后提供给他人员和资金，他们试图在维多利亚湖、艾伯特湖和坦噶尼喀湖这三大湖之间的高原上建立一个德国的保护国。德国东非公司早在1885年就在桑给巴尔海岸沿线获取了巨额利润。英国曾计划用一块从埃及延伸到好望角的宽阔狭长的英国属地把非洲分成两部分，如果德国得到大湖地区的话就能成功挫败英国这一计划。但是1892年，伊门在刚果的斯坦利瀑布附近被阿拉伯的奴隶商人谋杀了，这些商人是为了给早些时候被严厉的德国人绞死的同伴复仇。因此，伊门想要在坦噶尼喀高原上建立一个新德国的梦想就此破灭了。然而伊门的死所带来的结果就是非洲中部的大部分地区现在都确定无疑地出现在了地图上。这就把我们带到了非洲的第五个自然区域－东部的高山地区。

从北部阿尔及利亚延伸到南部赞比西河之间的这片区域就是南非。含米特人居住在南非的北部地区，虽然阿尔及利亚和索马里的居民头发卷曲，但他们并不是黑种人，南非南部地区的居民由黑种人和许多欧洲人组成。

阿尔及利亚人作为基督教徒的历史十分悠久，他们早在4世纪时期就皈依了基督教，比我们在欧洲中部建立第一个基督教组织还早了将近400年。然而，他们的基督教情感并没有阻止他们不断发动与邻居之间的战争。525年他们甚

▲ 阿尔及利亚首都阿尔及尔的烈士纪念碑

阿尔及利亚民主人民共和国，简称阿尔及利亚，旧称阿比西尼亚，位于非洲北部。首都阿尔及尔。

至跨越红海征服了阿拉伯南部，即罗马的阿拉伯费利克斯（与内地的阿拉伯沙漠形成鲜明对比）。正是这次征战使年轻的穆罕默德意识到建立一个强大团结的阿拉伯国家的必要性，也正是这次征战开始了他作为一个宗教创始人和一个世界帝国创建人的生涯。

他的追随者们所做的第一件事就是把埃塞俄比亚人从红海沿岸的城市驱逐了出去，并且破坏了埃塞俄比亚人与锡兰岛、印度和遥远的君士坦丁堡之间的贸易关系。这次战败以后，埃塞俄比亚就变成了像日本那样对外部事务不感兴趣的国家，这种状况一直持续到 19 世纪世纪中期。那个时候，欧洲列强开始把贪婪的目光投向了索马里兰半岛，他们这么做不是因为索马里兰有任何重要价值，而是因为它坐落在红海边上，很快就会变成苏伊士运河的延伸部分。法国第一个来到这里占领了吉布提港。英国在发动了一场针对阿比西尼亚国王西奥多（在这场战争中，这位杰出的君主宁肯自杀也不愿意落入敌人之手）的惩罚性战争以后占领了位于亚丁对面的英属索马里兰，他们可以在这里控制亚丁湾。意大利占领了法国属地和英国属地北部的一部分地区，他们打算用这部分沿海地区作为供给基地，从这里实施一场针对阿比西尼亚的光荣的远征。

这次光荣的远征发生于 1896 年，在这次战斗中，意大利损失了 4500 位白人和 2000 位土著人士兵，另外还有少量的囚徒。从那以后，意大利再也没有干涉他们的阿比西尼亚邻居，尽管现在他们已经是索马里兰另一部分地区（位于英国殖民地南部）的主人。

当然了，最后阿比西尼亚还是会走上乌干达和桑给巴尔那样的道路。但是这里交通的困难程度不是一条从吉布提到亚的斯亚贝巴的铁路就能克服的。整个阿比西尼亚高原本身就是一个天然堡垒，要攻克这个堡垒是很不容易的，再加上人们都考虑到黑人在这种情况下肯定会满怀仇恨地尽全力反攻回来，所有这些因素结合起来，使得这个古老的国家免于遭受被它的任何一个欧洲邻居吞并的命运。

阿比西尼亚以南，刚果以东是非洲的三个大湖。尼亚萨湖有很多条支流汇入赞比西河，维多利亚湖是尼罗河的发源地，坦噶尼喀湖与刚果河相连。从这些情况可以看出，这一地区肯定是非洲地势最高的地方，最近 50 年的调查完全可以证实这一点。维多利亚湖东南部的乞力马扎罗山高度为 1.9 万英尺。鲁文佐里山（托勒密所说的月山，斯坦利于 20 个世纪以后再次发现了它）海拔为 1.67 万英尺。肯尼亚山高度为 1.7 万英尺，埃尔贡山紧居其后，高度为 1.4 万英尺。

这里一整片区域原来都是火山爆发产生的，但是非洲的火山已经很多个世纪没有爆发过了。从政治上来讲，这里可以被分成很多部分，但是所有部分都是处于英国统治之下。

乌干达是个产棉国，1899 年变成了一个被保护国。

英国东非公司以前的属地，即现在的肯尼亚殖民地于 1920 年变成了帝国的一部分；德国东非殖民地于 1918 年变成了英国的托管地，现在是坦噶尼喀地区的一部分。

沿海地区最重要的城市是桑给巴尔，它是旧时奴隶贸易时期一个苏丹国家的首都，1890 年英国在这里建立了一个保护国，这个城市是从印度洋各地来的所有阿拉伯商人的中心。这些阿拉伯商人为斯瓦希里语的传播做出了重要贡献，斯瓦希里语是桑给巴尔地区的方言，现在非洲东海岸到处都讲这种语言，就像马来语现在已经变成了荷属东印度群岛上的通用语一样。现在如果有人想要同印度洋地区 3000 英里海岸线上的人及几百万平方英里内陆地区的人做生意的话，懂得一点斯瓦希里语是最有价值的优势。如果他不怕麻烦还愿意再学一点班图语（所有南非黑人的语言）、几句葡萄牙语、略知一点阿拉伯混杂语言，还有一两句好望角地区荷兰语的话，那他从非洲大陆这一端到另一端的行程都会衣食无忧了。

除了大西洋与苏丹山脉和喀麦隆山脉之间狭窄的沿海地区外，有关北非的这一章就结束了。这块狭长的土地在最近400年来以上几内亚和下几内亚的名字为人所知。当我讲奴隶制度的时候就已经提到过几内亚了，“黑色象牙”在被装船运到世界其他地方去之前都在这里集合。现在那一块沿海地区属于许多国家的领地，除了一些集邮爱好者外，没有任何人会对这里的任何一个聚居地产生任何兴趣。

塞拉利昂是一处古老的英国移民地，这里与西部的利比里亚一样被认为是以前的奴隶的家乡。很多真诚的男人和妇女慷慨地拿出自己的钱帮助那些黑人返回自己的祖国，他们本来对塞拉利昂和利比里亚有着美好的期望，但是塞拉利昂和利比里亚连同利比里亚的首都蒙罗维亚（以我们的总统蒙罗命名）回报给他们的只是悲伤和失望。

象牙海岸归属于法国，阿克拉终将变成法属苏丹王国的一个海港，尼日利亚为英国所有，其首都是拉各斯，达荷美共和国（贝宁的旧称）在1893年被法国占领以前是个独立的国家。

在世界大战以前，喀麦隆归属于德国，现在是法国的一个保护国，多哥亦是如此，还有法属刚果的一部分土地，所有这些共同构成了法国赤道大帝国。这里还有少量外国圈占地，但是这些圈占地最终都会被法国以钞票或者以其他的这个国家想要的东西交换得到。

荷属东印度公司为了缩短从巴达维亚（印尼首都雅加达的旧称）到阿姆斯特丹

▶ 喀麦隆圣灵木雕产品

喀麦隆共和国通称喀麦隆，是位于非洲中西部的单一制共和国。因其地质与文化的多样性，有“小非洲”的美誉。当地的最高峰是西南部的喀麦隆火山，大城市则有杜阿拉、雅温得及加鲁阿等，官方语言为英语和法语。

▲ 南非开普敦保达斯海滩的南非企鹅

的航程，开辟了一条经由波斯、叙利亚和亚历山大的陆上路线。但是每当美索不达米亚的两位当权者发生争吵时，邮件和篷车都会发生令人绝望的延误，所以大件商品还是要经由好望角运输。

为了保证印度商品的稳定流通不受干扰，荷兰占领了几内亚沿岸的一些海港，这些海港同时也可以用作贩奴商港，他们还占领了圣赫勒拿岛，在好望角修筑了防御工事。

1671 年，像所有喜欢文书契约（想一想以只够买小器具的 24 美元买下曼哈顿的那个荒谬喜剧！）的商人一样，荷兰人从霍顿督人手中买下了开普敦城堡周围的土地，这对霍顿督人来说意味着末日的到来。因为，一旦被剥夺了土地，他们只能向北迁移至奥兰治河与瓦尔河地区，这一地区已经被他们的世仇——布须曼人所占领了。似乎是上帝的惩罚，曾经残忍地对待霍顿督人和布须曼人的荷兰农民后来也遭受到了类似的命运。1795 年，英国占领了开普敦，这次轮到了布尔人北迁。这样的被迫迁徙重复了好几次，直到 1902 年，这里的最后两个独立共和国——德兰士瓦和奥兰治自由联邦最终被英国吞并了。

然而，开普敦仍然是整个三角形大洲上最重要的海港。但是沿海地区同极为富有的内地比起来仍然一无是处。内地地区由一座高原组成，高原上分布着一些低矮的小山，这些小山类似于平顶山但在这里被称为南非小丘。这块高原的西部被科马斯高地把它与大西洋分隔开了，高原东部被马托普山脉把它与印度洋分隔开来，南部有德拉肯斯堡山脉把它与开普敦地区相隔。

这些山峰上都没有冰川。因此这一地区所有河流的水量供给都依赖于降雨。所以，这里的河流在冬天都是迅猛的急流，但是在夏天就是干燥、低凹的道路，因为它们在汇入大海之前必须穿过一座高山（纳塔尔的河流除外，所以纳塔尔成了现在组成南非联邦的不同国家中最富有的一个国家），所以它们不可能被用来当作通往内地的商路。

为了使内陆通向大海，这里修建了很多铁路。世界大战之前，这些铁路中最重要的一条是比勒陀利亚到葡属非洲东部德拉瓜海湾上罗伦斯·马奎斯之间的铁路。世界大战以后，通往以前德属非洲西南部属地斯瓦科普蒙德和路德里兹南德的铁路竣工了。现在向北走的人可以坐火车到坦噶尼喀湖，乘船跨过该湖后再乘坐另一列火车前往桑给巴尔。

想要到达遥远的北方就必须花费一天时间艰难地穿越卡拉哈里沙漠，把沙漠抛之身后以后就进入了罗得西亚山地（津巴布韦的旧称），该山地是以塞西尔·罗得思的名字命名的，他是以前的英属南非宪章公司的创建者，也是最早提出建立一个英国统治下统一南非这种想法的人之一。这个梦想已经部分实现了。南非联盟于1910年正式宣布成立，不同的宪章公司、以前的波尔共和国、卡菲尔和祖鲁现在都是南非联盟的一部分。但是居住在乡村地区的波尔人的势力似乎正在超过英国人的势力，这些英国人在约翰内斯堡的金矿和金伯利附近的钻石被发现以后就一直生活在城市里，因此，这两股敌对势力之间为了争夺统治地位展开了一场激烈的争夺战。最终经过妥协，开普敦成了联盟议会所在地，以前的德兰士瓦共和国的首都比勒陀利亚变成了政府所在地。

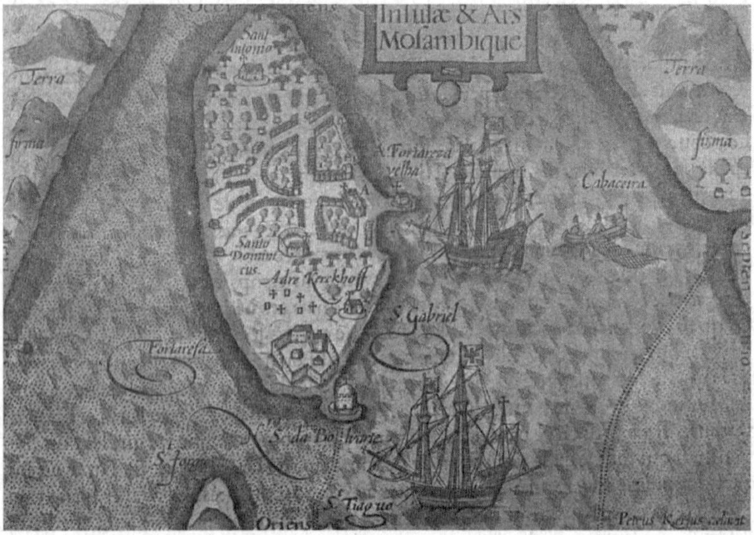

▲1598年的莫桑比克岛地图

古代葡萄牙帝国两块大的罕有的剩余部分仍然在起着把南非与大西洋和印度洋分隔开的障碍作用。这两块地方就是西方的安哥拉和东方的莫桑比克。这两地的统治都非常糟糕以至于早晚会被更强大的邻居所吞并。现在农产品价格出现了前所未有的低谷期，牲畜养殖市场也完全停滞不前，所以南非没有寻找新的牧场和谷物田地。一旦市场行情恢复正常，这些葡萄牙殖民地将会被别人不费一枪一弹就吞并了。因为南非的一个新种族正在成长起来，这个种族既不是荷兰人也不是英国人而是纯粹的南非人。因为这里矿产资源十分丰富，富含铜、煤和铁。这里的土地也很富饶，所以这里很有可能发展成另一个规模较小的美国。

莫桑比克海峡另一端是马达加斯加岛，该岛面积为23万平方英里，比它的宗主国法国的国土面积还要大。有400万人口。这是一个山地岛，东半部分受信风影响，木材长势良好，这些木材从塔马塔夫港出口，有铁路把塔马塔夫港与首都塔那那利佛相连。

这里的人看起来更像马来人而不是黑人。马达加斯加岛肯定在很早的时候就跟非洲大陆分割开了，因为非洲大陆上寻常的动物在这个岛上一个都找不到。

马达加斯加岛东部有两座小岛，在与印度的贸易还必须经由好望角的时候，这两座小岛就显现出它的重要性，这就是毛里求斯和留尼汪岛。毛里求斯曾经是荷属东印度公司的淡水蔬菜供应站，现在属于英国。留尼汪岛现在是法国的归属地。

▲ 马达加斯加岛上的猴面包树

▲ 刚果河日出

至于其他从地理的角度来说也属于非洲的岛屿，我在前面已经提到过的圣赫勒拿岛。再往北一点位于大西洋中的阿森松岛，也是一个加油站和电报站。佛得角群岛属于葡萄牙，它们位于毛里塔尼亚海岸以西几百英里处，现在被西班牙占领，成了一个无足轻重的西班牙殖民地。加那立群岛属于西班牙。马德拉群岛和亚速尔群岛归葡萄牙所有。拥有著名火山的特内里费岛也归属于西班牙。17 世纪和 18 世纪所有诚实的船长都像我们相信乘法表一样坚定地相信圣布兰登岛也坐落在这里，但是没有人能指出它具体在哪，因为一旦有船只靠近，这座岛立刻就会沉入海底，等来访者离开以后岛屿才会重新出现，依我看来，从非洲岛屿的角度来说，这么做倒是很明智，因为只有这样这座岛屿才能免于被别国侵占。

大部分大洲都可以被简化为几个简单的象征。当我们谈到欧洲的时候，我们会想到圣彼得大教堂的圆屋顶、莱茵河畔被摧毁的城堡、挪威安静的峡湾，还有俄国马车的铃声。说到亚洲，在我们眼前常常会出现这样的图画：宝塔、许多矮小的棕色人种在宽阔的河中沐浴、奇怪的寺庙、及海拔达一万英尺温和匀称的古老富士山。美洲则意味着摩天大厦、工厂的烟囱、古老的印第安人骑着矮种马漫无目的的徜徉。即使是遥远的澳洲也有自己的象征：好脾气的袋鼠和它好奇、聪慧的眼睛。

但是非洲，我们如何把这样一个对立而又极端的大洲简化为一个单一的象征呢?

这是一片灼热的土地而且缺少河流。不过，尼罗河几乎与密西西比河等长，刚果河仅仅比亚马逊河短一点，尼日尔河几乎跟黄河一样长，这是一片暴雨倾盆、潮湿得令人不能忍受的土地。然而，单就撒哈拉沙漠来说，它是所有沙漠中最干燥的一个，其面积比整个澳洲还要大，而卡拉哈里沙漠几乎与不列颠群岛的面积一样大。

这里的人软弱无助，黑人不知道怎样保护自己。然而世界上组织最好的军队是从祖鲁发展起来的，我们都知道沙漠中的贝都因人和其他北方部族曾成功地攻击了有现代机械和枪支武装的欧洲部队。

非洲没有像波罗地海这样的内陆海也没有我们的大湖。这我承认，但是维多利亚湖与苏必利尔湖一样大，坦噶尼喀湖与贝加尔湖相等，尼亚萨湖的面积是安大略湖的两倍。

非洲没有山峰。然而乞力马扎罗山比美国最高的山峰惠特尼山还高出5000英尺。赤道北部的鲁文佐里山比勃朗峰还要高。

那这个大洲的问题到底出在哪里呢？我不知道。这里所有条件都具备，但似乎这些条件对任何人都没有一点用处。整个布局是错误的。除尼罗河外，所有的河流、山峰、湖泊、沙漠都不能为人所用。即使是尼罗河最终流入了一片极具商业重要性的海域，但是太多瀑布限制了它的发展。至于刚果河和尼日尔河，它们都没有便利的入海通道。赞比西河的发源地是奥兰治河的末端，奥兰治河开始于赞比西河结束的地方。

现代科学也许最终能使沙漠结出水果，能够排干沼泽地的水。现代科学也许能找到办法治愈遍布苏丹乡下和刚果地区的痢疾与嗜睡症，正如现代科学使我们从黄热病和疟疾中解脱出来一样。现代科学也许会把中部和南部的高原变成法国的普罗旺斯或意大利的里维埃拉。但是这里的丛林十分茂密而且连绵不断，在几百万年的时间里丛林一直是个障碍。如果让现代科学休息片刻的话，

▲ 非洲象

从林和它所有的邪恶都会卷土重来，它们会扼住白人的咽喉，让他吸进毒气直至死亡，土狼和蚂蚁会把他的尸首也给啃光吃净。

可能是暗淡无光的热带丛林给非洲文明印上了可怕的标记。沙漠可能会令人感到惊恐，但是发微光的黑暗丛林更使人感到恐怖。这里布满了生物以至于使它变得死气沉沉。生存之战一定要悄悄地进行，否则猎人最终会变成猎物。日复一日，夜复一夜，生物们在无尽的叶子搭建而成的高屋顶下相互吞噬。看起来最无害的昆虫却有着最致命的毒刺，最漂亮的花朵却秘密地携带着毒液。每一个触角、蹄子、鸟喙和牙齿都要对抗其他的触角、蹄子、鸟喙和牙齿。生存的脉搏伴随着咬嚼骨头的声音和撕扯柔软棕色皮毛的声音。

我曾经试图同非洲人谈论这些事，但是他们都嘲笑我。这就是生活。生活要么是彻底的贫乏，要么就是过分的富足，不存在极好的中间值。一个人要么被冰冻，要么被炙烤；一个人要么用金杯子同阿拉伯商人喝咖啡，要么胡乱朝一个霍顿督老妇人开枪，反正她也没什么用处。对人类来说，这片对立的土地似乎是一件可怕的东西。这里扭曲了人类的视野，使人们失去了感受美好生活这方面的能力。在草原和森林中无止境的大屠杀已经渗透进了他们的血液中。一个来自还在沉睡中的比利时村庄的拘谨的小官，性格沉稳羞怯，但是来到这里以后就变成了一个恶魔，仅仅因为妇女们没有多带一磅橡胶就把她们鞭笞致死。有些可怜的黑人因为没能交上应交的象牙就会被昆虫吃掉，而此时他还能平静地吸他的饭后雪茄。

我努力试图要公平一点，其他大洲也在人类残暴和恶毒的历史上画了浓重的一笔，但是其他地区有更文雅的形式出现，耶稣讲道、孔子教导、佛的恳求、穆罕默德严格地固守其美德。但是，独有非洲没有出现一位先知。其他大洲也很贪婪和自私，但是有时候精神能够战胜肉体，他们进行了一些朝圣之旅，而朝圣之旅的目的隐藏在天堂之门的另一边。

非洲地区唯一著名的、跨越了非洲沙漠和灌木丛的行进路程是眼神冷酷的阿拉伯人寻找奴隶猎物之旅。猎物就是达荷美亚马逊人，他们随时准备去偷袭一个沉睡中的村庄，把他们邻居的孩子偷出来当作奴隶卖到国外去。在世界其他地方，从有史之初开始，女人就努力使自己在男人眼里看起来很有诱惑力，以此来吸引他们，获得他们的宠爱。而非洲的女人却故意使自己看起来很丑陋，以此来使偶然遇到的人对她们感到厌恶。

我可以继续把这篇特殊的申诉扩展开来延伸下去，但是这本书的篇幅已经够长了，所以你最好自己寻找答案。

当人们第一次看到金字塔的宏伟壮观时，当人们怀疑地看着消失于远方沙漠中的痕迹时，都曾面对同一个令人困惑的问题，但是没有人知道答案。

Van loon geography

房龙地理（下）

第四十六章

最幸运的大陆——美洲

美洲是所有大洲中最乐于施惠的一个大洲。当然了，我这么说是纯粹把美洲作为了一个地理单元，而不是把它作为工业发展中的经济要素，也不是把它作为试验不同形式新政府的政治实验室。从地理的角度来说，人们渴望拥有的一切，在美洲几乎都能找到。

▲ 17 世纪的美洲地图

它是西半球上唯一的大洲，所以不像非洲、亚洲和欧洲那样有最接近的竞争对手。它坐落于世界上最大的两个海洋之间，当大西洋变为文明中心的时候，白人居住在这里。

它从北极地区一直延伸到南极地区，因此各种气候都有。最接近赤道的地区也是海拔最高的地区，因此这里的温度非常适合人居。

这里没有沙漠。宽广的平原都分布在温带地区，因此这里注定要变成世界的粮仓。

这里的海岸线既不是太简单也不是太复杂，因此这里是最适合建造深水海港的地方。

因为这里的主要山脉是南北走向的，所以这里的动植物可以很容易地避开冰河时代前进的冰川，因此比欧洲的动植物获得了更好的生存机会。

这里有着几乎比任何一个其他大洲都要多的煤、铁、石油、铜矿和其他原材料。在机械时代，这种原材料的需求量正在日益增多。

当白人到达这里的时候，这里几乎是无人居住的（整个大洲上仅有1000万印第安人），因此没有足够的本地人口阻止侵略者做他们想做的事，也没有产生严重的种族问题，国家的发展依据白人的计划进行着，所以美洲没有产生很严重的不幸的故事。

这块空闲的新大洲上巨大的经济机会吸引了来自各国最有活力的人，这些人聚集在一起，发展成了他们自己的混合民族，这个民族在很短的时间内就适应了这里新的、不同寻常的但却很简单的地理背景。

最后，也许是最重要的一点是，现在居住在这个大洲上的人没有自己的历史，而历史总是将人们拖回到永远也回不去的过去。没有这个不幸包袱的拖累，（在其他所有地方都已经证实历史是个讨厌的东西而不是一件幸事）他们可以比其他种族进步得都快，而其他种族无论走到哪里都要把祖宗传下来的独轮手推车（意即历史）推在前面。

至于两块美洲大陆实际的地理特征，它们不仅非常简单而且比其他任何大洲都更具对称性。南北美洲的主要特征如此相像，所以我们可以同时讨论它们而不用担心会让读者混淆。

南北美洲都类似于三角形，唯一不同的一点是，南美洲的三角形比北美洲的三角形更靠东一点。毫无疑问，这也解释了为什么南美洲比北美洲发现得更早的事实。当南美洲已经相当知名的时候，北美洲的大部分地区还是未知领域。

南北美洲这两块三角形大陆的西边各有一列从北向南延伸的山脉，山脉几乎占了大陆总面积的1/3，东边另外2/3的面积是宽广的平原，平原与大海之间由两条较短的山脉隔开（南北美洲都是如此），北美洲的两条山脉是拉布拉多山脉和阿巴拉契亚山脉，南美洲的两条山脉是圭亚那山脉和巴西高地。

它们的河流也是如此，两块大陆在这方面的表现也很相像。一些不太重要的河流向北流去了。而圣劳伦斯河与亚马逊河几乎平行。巴拉那河和巴拉圭河模仿密西西比河和密苏里河那样半途汇合然后又分别与圣劳伦斯河和亚马逊河成90°角走完余下的路程。

至于中美洲，这块窄而狭长的土地从东向西延伸，从地理的角度来讲，它是北美洲的一部分。在尼加拉瓜地区，风景和动植物突然发生了改变，然后就进入了南美洲。中美洲的其他地区由高山组成，这就是为什么墨西哥虽然与撒哈拉沙漠地区同样接近赤道地区，但是这里却成了气候优越人口密集的国家的原因之一。

当然了，南美洲比北美洲更接近赤道地区。亚马逊河实际上沿着赤道走完了它壮丽的、从安第斯山到大西洋的旅程。总的说来（我现在正在这么做），这里是个很好的例子，可以让我们学习自然环境对人类的影响以及人类对自然环境的影响。

自然用同样的方式给自己建造了两座大舞台。舞台主要入口都是在右边，高墙在左边，中间开阔的场地里面有储备丰富的食物橱柜。然后它把北方的舞台给了由日耳曼流浪演员组成的剧团，这个剧团常常在都城以外的城镇的小剧场里演出，这是一个出身卑微的剧团，他们习惯于长时间扮演一些平庸的角色如屠夫、面包师和烛台制造者。但是它把南方的舞台租给了地中海最好的学校里显贵的老悲剧演员，这些演员总是在有王族成员到场的情况下才出来表演，他们每个人都可以佩刀舞剑，其风度是他们的北方同行所想象不到的。那些北方的演员所能携带的武器也就是铁锹或斧头，他们的脊背因长期与土地作斗争而过早地弯曲了。

然后，大自然几乎在同时把两个舞台上的幕布升起来，并且邀请世界上的人来观看表演。当第一幕戏演到一半的时候，两个舞台看起来已经与刚开始的时候有了不同。当第二幕戏开始的时候，这种变化开始在剧中女士、绅士和孩子们这些角色身上表现得非常明显，观众们倒吸一口气，窃窃私语道“事情是这个样子的吗？”。

北欧海盗的船只看起来美丽有趣，但是如果真的用这些船把海盗们运送过一个波涛起伏的大海时，这些船就会显现出它们的笨拙了。所以这些吃苦耐劳的北欧人总是被海风吹得偏离了自己正常的航向，因为他们既没有指南针也没有测速仪，他们的航行设备跟3000年前被画在莎草纸上的尼罗河河谷中小帆船的设备一样笨拙，现在你看到这些画的话仍然会感叹不已。

现在请你看一下墨西哥湾暖流地图（本书中有好几处），你就会发现墨西哥湾暖流跨越大洋从非洲到达美洲之后，又从挪威海岸附近重新跨过大西洋北部，到达北冰洋。然后取道冰岛和格陵兰岛回家。在格陵兰岛这里，它的名字和性情都发生了变化，从这里开始再次向南旅行，先是作为格陵兰暖流再是作为拉布拉多寒流，这条可恶的海流把格陵兰岛蔚蓝色的冰川在大西洋北部抛洒得到处都是。

北欧人早在9世纪的时候就航行到了冰岛，他们的航行一半靠上帝，一半靠猜测——我们的祖先过去常常这么称呼这种航行。然而，一旦冰岛和欧洲之间建立了经常的联系之后，格陵兰岛和美洲的发现就在所难免了。就像中国和日本的帆船被海风吹得偏离了航向以后，最终肯定会被太平洋上的湾流带到英国的哥伦比亚海岸或者加利福尼亚海岸。因此，从特隆赫姆前往冰岛的北欧人因大雾影响不能找出他们的目的地（即使是在现在，世界上所有仪器都俱全的话，大雾也依然是一件可怕的事）的话，迟早他们会发现他们到了格陵兰岛的东海岸。如果大雾还在继续，而他们的运气也够好的话，他们会到达通往东方的陆地屏

▲ 格陵兰岛上的冰山

障的海岸边，早先的到访者称这块土地为葡萄地，因为这里出产一种葡萄，利用这种葡萄可以酿出上好的葡萄酒。

现在最好记住，有许多发现是世界上的大部分人从来没有听说过的。如果船长告诉他的船员们一些旅行轶事，而这些船员都不相信，最后被证实，船长所说的只是由幻觉产生的，比如说把低矮的云团误认为是山峰，或者把一束狭长的阳光当成了平坦的海岸的话，船长就把自己变成了愚人，这是所有船长都害怕的事。毫无疑问，早在塔斯曼踏上澳洲的海岸，给自己制作了一支新的鹅毛笔向巴达维亚的当局报告这里有体态庞大的土著人之前，就有很多法国和西班牙的水手从远处看到过这块大陆。亚速尔群岛和加那利群岛频繁地被发现，然后被忘记，然后再被发现，以至于学校老师想把这项世界大发现的确切时间写入教科书的时候很发愁。毫无疑问，法国的渔民在哥伦布之前好几个世纪就已经发现了通往纽芬兰岛的航线，但是他们只是告诉他们的邻居说那里的鱼很好，让他们的邻居们去那里捕鱼，他们只在乎鱼。另一块陆地仅仅是另一块陆地而已。布列塔尼的每个人都已经拥有足够的土地了。为什么要为离家这么远的地方担忧呢？

在我写过的所有作品中都坚持这样一种学说，人性先于民族性。我不会陷于有关庆祝哥伦布日、列夫·埃里克松日或者一群法国水手的纪念日（你会在诺曼底档案中发现他们）这样的激烈辩论中，我们有足够的文件证据证明在11世纪的前十年中就有北欧人踏上了这些海岸。意大利船长统领下的一小队水手——主要是西班牙人还有一些其他国家的人，他们曾在15世纪的最后十年中也踏上过这些海岸，但是当他们到达这里的时候才发现他们不是最早的发现者，因为这里已经有一些亚洲血统的人居住在这里了。因此，如果最先到达这样的荣誉，必须给一个确切种族的人的话，蒙古人就是我们未来所有纪念碑上的合理候选人。

我们有一块无名英雄纪念碑。那么另外再建一块更大一点的大理石纪念碑，纪念无名发现者也不算过分，但是因为法律禁止这些可怜人的亲属再踏足我们的大洲，恐怕这个计划是不能实施的了。

第一批勇敢的探险者的后代毫无疑问来自远东地区，我们对他们很了解。

但是有一件确实使我们很感兴趣的事可能要永远成为一个谜了。那就是亚洲人是怎样到达美洲大陆的呢？他们坐船航行跨过了太平洋北部较窄的部分吗？或者他们是走过了白令海峡的冰层？或者在美洲和亚洲之间有一条窄窄的大陆桥相连接的时候他们就已经来到这里了呢？这些问题的答案我们都不知道，我也看不出这些问题有什么重要性。当白人到达这些遥远的海岸时，他们所接触到的民族（除一些与世隔绝的地方以外）几乎还没有走出后石器时代，他们还没有发展到用车来缓解人类背负重物的疲劳的阶段，也没有发展到驯养动物，使自己从无休止的以打猎或捕鱼这样繁重枯燥的、贫乏的生活里解脱出来。这些古铜色皮肤的人即使带着弓箭也不是白人的对手，因为白人可以用枪在远距离内杀死自己的敌人。

从主人地位变成了客人的红种人还会继续生存几个世纪，然后他们将会被他们以前的敌人完全同化，最终将只能作为模糊的历史回忆而存在。这是一件非常糟糕的事，因为无论是身体还是头脑方面，红种人都有许多非常优秀的品质。

事情就是这样发生了，我不知道对此我们能做什么。

现在让我们最后再看一次地图。

从白令海峡到巴拿马地峡之间的美洲大陆西海岸，有一座高山把这里与太平洋分隔开了。这座山脉不是所有地方都是同等宽度，山脉的一部分地区是由平行的山脊组成的。但是所有这些山脊都是相同的走向，也就是说，都是从北向南延伸的。

阿拉斯加地区的山系很明显是东亚山脉的延伸，宽阔的育空河流域把这些山脉分成了两部分，而育空河是这一块北方地区的主要河流。阿拉斯加曾经是俄罗斯帝国的一部分，1867 年美国以 700 万美元的价格买下了这 59 万平方英里的荒野地。

这么少的钱就使俄罗斯得到满足的原因可能是它忽略了这一地区的潜在财富。一些小渔村和几座混乱的被大雪覆盖的山峰卖到 700 万美元在当时看来可能是很划算的买卖。但是，1896 年克朗代克地区发现了黄金，当时有个流行的说法就是，阿拉斯加上了地图。由温哥华到朱诺，然后经由斯卡圭、齐尔科德山口和齐尔卡特山口然后到达克朗代克地区的中心——道森（在极圈以南 3500

英里处，这里的动物很昂贵而且几乎不能越过密度很大的雪，所以人们只能自己背着自己的行李）。该行程绵延1000英里，这是所有人类探寻财富之旅中最艰难的旅程。但是有一罐金子在这段旅途的尽头等待着早到的人，在这种情况下，所有人都确定自己一定是第一个到达藏金地点的人。

然而，从那时起，阿拉斯加地区不仅发现了金矿（密集的冰川覆盖了这一地区）还发现了大量的铜矿、银矿和煤矿。此外这里还是猎兽和捕鱼的理想之地。结果，美国买到这一地区的开采权，前40年内在这里得到的收益是当初买地时所花价钱的20倍。

阿拉斯加南部的山脉被分成了两部分。东部的分支——落基山脉延伸向了内陆。同时西部地区继续沿着与海岸线平行的方向延伸。落基山脉在融进墨西哥高地之前从未改过名字，而沿太平洋延伸的山脉在同麦金利山告别以后，以许多不同的名字而知名。麦金利山是阿拉斯加地区山脉的最高峰也是整个北美洲的最高峰，海拔为20300英尺。在加拿大地区它们被称为圣伊莱亚斯山脉和海岸山脉，但是它们经过温哥华岛（被约翰斯顿海峡和乔治亚海峡与大陆分隔开的岩石小岛）以后，就分成了两部分。这两部分中，西半部分仍然叫做海岸山脉，而东半部分在华盛顿和俄勒冈州被称为喀斯喀特山脉，在加利福尼亚地区被称为塞拉·内华达山脉。这两座山脉间宽敞开阔的地区是萨克拉门托河流

◀ 落基山脉

域和圣华金河流域，这两条河在流入旧金山湾之前的半途中相遇。旧金山湾是世界上最宽最深也是保护的最好的海港，这里与太平洋有著名的金门相连。

当西班牙先驱者的先行部队到达河谷地区的时候，这里是完全未被开垦的土地。现在通过灌溉的方式，这里已经变成了世界上的果园。在这里只要花费适度的劳动就能换来生长旺盛的苹果、桃子、李子、橘子和杏。

这片河谷的确是加利福尼亚的神赐之物。当上个世纪40年代的淘金热走到尽头的时候，矿工和他们的追随者发现，只要他们改变一下职业变成果农而不是勘探者，就可以过上非常舒适的生活。在阿拉斯加和澳大利亚，一旦金脉耗尽以后，就不可能再供养民众了，这些人消失得跟他们到来时一样快，留在他们身后的是空旷的城镇和村庄以及罐头盒。而加利福尼亚不仅没有像大部分出产金矿的地区一样被金矿耗尽生机，实际上还因为金矿而变得富裕起来，这样的事实应该被作为人类历史上绝无仅有的范例被记录下来。

当被探明土地深处埋藏着大量石油时，这个州的未来就有了保证。虽然这片地区有点不稳定，加利福尼亚深深的大峡谷可能偶尔会导致不同岩层之间的

▲ 加利福尼亚半岛陆地尽头

移动——而这种移动是非常危险的（尤其是紧跟着还会发生一场大火的时候），但地震只是暂时的不方便，阳光和惬意及稳定的气候却是永远的福祉。因此，加利福尼亚开启了作为整个北部大洲人口最稠密地区的旅程。

塞拉·内华达山脉和落基山脉之间有一条巨大的由三部分组成的山谷。北部是哥伦比亚高原，斯内克河与哥伦比亚河从这里发源然后流入太平洋。南部的边界直达瓦沙齐山和科罗拉多高原，科罗拉多河在科罗拉多高原上挖掘出了著名的大峡谷。这两座高原之间的凹地就是大盆地，摩门教徒被迫从美国东部逃走以后就选择了这里作为他们的永久居住地。虽然这里缺水（虽然大盐湖里有充足的水，但是这里的水比海水还咸），但是在不到一个世纪的时间里他们就把这里就变成了最有利可图的地方。

这一整片地区都是火山爆发产生的，事实表明这里的地壳曾经发生过剧烈地晃动，因为这里的死谷的底部位于海平面以下 276 英尺，而美国的最高峰惠特尼山的山顶位于海平面以上 14496 英尺。

落基山脉东部是巨大的平原，该平原北部到达大西洋，南部到达墨西哥湾，东部直抵拉布拉多岛的劳伦蒂亚高地和美国的阿巴拉契亚山脉。如果给予恰当耕作的话，仅这部分地区就可以养活地球上所有的人口。所谓的大平原（落基山脉在这里逐渐降为平地）和中央平原是一个巨大的粮仓。密西西比河、密苏里河、俄亥俄河、阿肯色河和红河都流经中央平原汇入墨西哥湾。北部地区就不那么令人喜爱了，因为这里的河流，马更些河、阿萨巴斯卡河、萨斯喀彻温河和奥尔巴尼河，要么汇入大西洋，要么流进了哈得孙湾，因此这些河流只是在当地具有一些重要性，而且这些河流每年的大部分时间都会结冰。但是从蒙大拿州黄石公园附近发源的密苏里河以及发源于加拿大的温尼伯湖和苏比利尔湖之间分水岭地区的密西西比河（和密苏里河都是世界上最长的河流）从它们的发源地到河口三角洲之间几乎可以全程通航，它们所流经的地区在未来几个世纪内在人口密度方面将能与中国的东部相媲美。

这一地势较高地区是哈得孙湾（或者北冰洋）、大西洋和墨西哥湾之间的分界线，那里的其它湖泊是密歇根湖、休伦湖、伊利湖和安大略湖。后两个湖泊之间有一条短短的河流相连，这条河流中有一个瀑布叫做尼亚加拉瀑布（尼亚加拉

▲ 加拿大纽芬兰卡伯特塔

纽芬兰岛是一位于北大西洋的大型岛屿，属加拿大纽芬兰与拉布拉多省管辖。主要城市是纽芬兰与拉布拉多省的首府圣约翰斯。

瀑布比赞比西河的维多利亚瀑布宽一点，但是高度仅为维多利亚瀑布的一半，而约塞米蒂瀑布在高度上超过了这两者，为1000多英尺），所以这条河流是不能通航的。因此有一条运河把伊利湖和安大略湖相连，这条运河叫做韦兰运河。休伦湖和苏比利尔湖之间也有一条运河相连，叫做苏圣玛丽运河，经过该运河水闸的总吨数比巴拿马运河、苏伊士运河和基尔运河总吨数之和还要多。

这些湖泊的湖水会通过圣劳伦斯河流入大西洋，而圣劳伦斯河流经圣劳伦斯湾。圣劳伦斯湾是内陆海，其西面是加拿大山脉，东面是纽芬兰岛（当约翰·卡波特于1497年第一次发现它的时候，还有1500年这里有了第一位葡萄牙总督的时候，这里是“新”的），南面是布莱顿岛、新斯科舍省和新布伦兹维克。把纽芬兰同布莱顿岛分割开的卡波特海峡是意大利人最先踏上这块土地这一事实的见证者。

加拿大的北部地区——即所谓的西北地区，太过寒冷以至于完全不适合白人居住，除了与有趣的本地警察部队有关的事外，我们很少听说这里。这块土地上遍布湖泊，而且大部分湖泊都曾归属于哈得孙湾公司。该公司是于1670年成立的，正好是在亨利·哈得孙在这里被反叛的水手谋杀59年以后。亨利·哈得孙是哈得孙湾的发现者，他以自己的名字给这个湾命名。创建哈得孙湾公司的英国冒险家所做的事确实无愧于其名声，但是他们没有多少长远的眼光，如果再给他们50年的时间，他们可能会把湖中和森林中所有的活物杀光（即使在动物繁殖期，他们对有皮毛的动物的杀戮也没有停止）。他们使印第安人生活于水深火热之中，几乎要使印第安人灭绝。如果烈酒可以更充足地供应的话，他们自己也会被杜松子酒完全断送了。最尊贵的女王最终出面干涉，把哈得孙公司大部分营业地区并入了女王在加拿大的统治领地内，把哈得孙湾公司变成了历史上的珍品，该公司（规模上减小了许多）虽然现在依然在这一地区做生意（连续262年处于相同的管理之下），但是不再像以前那样不负责任了。

哈得孙湾与圣劳伦斯河之间的拉布拉多半岛与从格陵兰岛冰冷海岸来的寒

▲ 马蹄瀑布

流距离太近了，所以对任何人来说都没有任何用处。加拿大的领土正站在通往光明未来的门槛处，现在它所面临的最大的问题就是严重缺少人口。

从政治上来讲，加拿大是以前帝国梦想的残余物中最有趣的一个。我们有时候会忘记，当乔治·华盛顿出生的时候，北美洲的大部分地区还属法国和西班牙所有，英国在大西洋沿岸的殖民地只是小小的一块完全被敌对国家包围的盎格鲁－撒克逊的领地。1608年，法国在圣劳伦斯河的河口处建立了自己的殖民地，然后又把他们的注意力转移到了内地，他们首先向西进发，直到桑普兰（法国探险家）到达了休伦湖。他们勘探了整个大湖地区，马凯特和乔利埃特发现了密西西比河的上游地区，1682年拉萨尔顺河而下直到入海口，然后占领了整个河谷地区，他以国王路易十四的名字把这条河谷命名为路易斯安那。17世纪末，法国宣布它的领地直至落基山脉地区。落基山脉以外的地区是西班牙天主教国王的领地的开端。阿利艮尼山脉在当时是个真正的障碍，因为它把庞大的法国殖民帝国同大西洋沿岸英国和荷兰的属地，以及西班牙的另一个佛罗里达殖民地分隔开了。

如果路易十四和路易十五懂得一点地理，对这些风雅的帝王而言，一张地图比新地毯上精美的图案更重要，新英格兰和维吉尼亚的人现在可能就在说法语，而整个北美地区可能也要接受巴黎的治理了。但是决定了欧洲命运的人并没有意识到新世界意味着什么，因为他们的不在乎，加拿大变成了英国的殖民地，魁北克和蒙特利尔不再是法国的城市。几代人之后，新奥尔良和整个远西地区都被卖给了大西洋沿岸几个反叛的英国行省新组建起来的共和国。即使是伟大的拿破仑大帝，当他看到用美国最富有的地区换来的一堆美元时，还觉得自己做了一笔聪明的交易。

1819年，佛罗里达被并入新近获得的领土内，1848年，德克萨斯州、新墨西哥、亚利桑那州、加利福尼亚州、内华达州和犹他州这几个州被从墨西哥手中抢夺过来，看起来北美洲会变成两个拉丁国家的内陆腹地。在不到100年以后，它完全易主，变成了欧洲北部大平原的延伸。

由于最初的统治者的不在乎和缺乏远见，这几个由不同种族人民组成的地区在几次战争以后，突然而出人意料地组合在一起了，随后的经济发展以世界前所未有的速度进行着。第一批铁路修筑好以后，第一批轮船造好以后，数十万移民从水路来到了大湖地区，或者跨过阿利艮尼山脉在大平原上占据了一份土地，在这里居住并且种植小麦，这些使芝加哥变成了世界上最重要的谷物中心。

当大湖地区、阿利艮尼山脉和落基山脉山麓之间的三角形地区被发现煤、石油、铁和铜的储藏量是前所未有之巨时，这里变成了新共和国的大工业区，匹兹堡、辛辛那提、圣路易斯、克利夫兰、底特律及布法罗等城市吸引了来自世界各地的劳动者，这些劳动者帮助早先到来的人开发这里埋藏着的宝藏。因为这些城市需要海港来出口他们的钢、铁、石油和汽车，所以大西洋沿岸古老殖民地的城市，纽约、波士顿、费城及巴尔的摩等地享有了以前从未有过的盛名。

与此同时，南部各州最终从重建（比曾经的内战时期更具灾难性）的黑暗阶段走了出来，又聚集了足够的资金，在没有奴隶劳动力帮助的情况下开始种植棉花。加尔维斯顿、萨凡纳和新奥尔良又恢复了生机。铁路、电报线和电话线把整个国家变成了一个巨大的农场和工厂。6000 万欧洲人在不到半个世纪的

▲ 19 世纪初的波士顿港口

时间内就跨越海洋来到这里，加入到最先到来者的行列里共同参与到设计、建造、制作和销售等行业中，他们建造起的这个作坊是世界以前从未出现过的。自然从未给予其他国家我们所享有的这些无尽的机遇：一片广阔的大平原上有绝佳的气候和上好的土壤，两边有不适合人居的山脉保护；近于取之不竭的资源；便利的水路。此外，历史还赋予我们一个更重要的礼物——一种民族、一种语言，没有历史包袱。

当我们再向南走，到达墨西哥和中美洲的时候，就会真正意识到这些优势对一个国家而言意味着什么了。除古代玛雅人生活过的尤卡坦半岛外，墨西哥是一片多山地区，从格兰德河向南地势缓缓升高，直到地势最高的马德雷高原和阿拿瓦克高原，其海拔分别是1.6万英尺和1.7万英尺。大部分高山都是由火山产生的，比如烟峰（17543英尺）、奥利萨巴山（18564英尺）和伊克斯塔华特山（16960英尺）。科利马山（13092英尺）是现在唯一的活火山。

在太平洋这一边，马德雷高原从海岸线上陡然升高。而在大西洋那一边，山势上升得较为和缓。欧洲入侵者是从东方来的，所以很容易找到进入内地的路，16世纪初期，先遣部队就已经到达这里了。那时正是西班牙人极度失望的时候，他们新发现了热那亚人，但这个发现是个彻底的失败，是个令人怒吼的失败，这里没有金子，没有银子，当你试图使这里赤裸的野蛮人工作的时候，他们就会躺倒下来装死，这里还有无穷无尽的蚊子。

然后这样的谣言开始传播，在附近大陆山脉的那一边居住着一位阿兹台克人的皇帝，他住在金城堡中，睡在金床上，用金盘子吃饭。埃尔南·科尔斯特与他的300名探险者于1519年在墨西哥登陆。他在12门大炮和13只大

▲ 20世纪初住在墨西哥边境到阿拉斯加之间的美洲原住居民

口径短枪的帮助下，征服了可怜的蒙提祖玛人的所有领土，蒙提祖玛人的国王是被扼死的，在死前他未能看到整个国家的彻底灭亡。在不久前这还是一个管理高效的国家，该国国王的统治能力不低于哈布斯堡的帝王，但他却被人以哈布斯堡王朝的名义谋杀了。

在此之后将近300年的时间里，确切地说，直到1810年，墨西哥一直是西班牙的殖民地，也得到了殖民地的待遇。为了不让本地产品与母国不太被人接受的同类产品竞争，许多本地产品不允许继续种植了。土地生产出来的财富大部分落入了富裕地主的口袋，或者被作为宗教团体的收益送给了宗教团体，时至今日，这些宗教团体还在为保留这片共有土地的控制权而斗争。

上个世纪中期，在可怜的奥地利人马克西米连（他曾经希望在法国的帮助下成为蒙提祖玛国王的继承者）的奇异探险之后不久，人们发现墨西哥不仅是个富裕的农业国，这里的土壤中可能蕴含着比美国更多的铁矿和石油矿藏。但是当时的1500万墨西哥人（这其中有40%的人仍然是纯粹的印第安人血统）仍跟科尔斯特最先发现他们的时候一样贫穷。当时的大银行业对插手他们的内部事务感兴趣并且酝酿一场革命，本地人针对这场革命掀起了反革命的狂潮，这场争斗在世界大战之前打破了百年大战的纪录（平均每年发生二十次革命），似乎整个国家都被卷入了谋杀和流血事件中。幸运的是，世界大战期间大批金融资本转移到其他地方（世界大战耗费了大量资金）的时候，墨西哥得到了喘息的机会。现在一些有能力的人正在试图消除三个世纪以来被忽略、疾病和愚民政策给国家带来的不利影响，很显然他们已经取得了成功，据报道，维拉卡兹和坦皮科（墨西哥湾的两个海港）的出口额正在逐步上涨。在最近五六年的时间里，华盛顿和墨西哥不仅能够和睦相处而且事实上是面带微笑礼貌地同对方交谈了。

连接南北美洲的中美洲地峡十分富饶，这里出产咖啡、香蕉、糖还有任何其他外国资本愿意在这里种植的作物。但是白人不适应这里的气候，黑人不愿意为白人工作，而这里遍布的火山，无论是对黑人还是白人而言都是难以克服的困难。

如果不收集邮票的话，对大部分人来说，危地马拉、洪都拉斯、尼加拉瓜以及哥斯达黎加仅仅是些传奇性的名字，因为这样一条真理是世界通用的。一个国家的国库越空虚，邮票就制作得越精美。但是下一个国家，巴拿马共和国，对我们来说很重要。它是我们的孩子，虽然我认为我们必须占领它。因为我们是唯一一个既要守卫太平洋海岸又要守卫大西洋海岸的独立国家。如果我们等待哥伦比亚把它卖给我们的话，我们还必须就他们在转让契约上签名时我们所要付出的代价与哥伦比亚的参议员进行一番讨价还价。

这条地峡仅是一块狭长的土地，当巴尔博亚（西班牙探险家，西方太平洋发现人）发现站在达连湾的最高点可以同时看到两个海洋以后，西班牙人就了解这一点了。早在1551年的时候，西班牙人就考虑要挖掘一条自己的运河，从那时起，每一代人都能听到新的计划。每个在科学领域有点重要性的人都给世界提供了至少一套如何把这个难题最好地解决了的蓝图。但是要穿过将近30英里坚硬的石头开凿一条运河是个相当非同小可的问题。直到后来诺贝尔不幸的发明试验成功了，甘油炸药问世了，他本来希望用炸药移走农田里的树桩和巨石，他从未打算把它更普遍地用于杀死人类的邻居。

然后就发生了加利福尼亚的淘金热，成千上万人赶往巴拿马，这样他们就不必绕道合恩角了。1855年，为这些人修建的跨地峡铁路竣工。15年以后，全世界的人都听说了苏伊士运河出人意料的成功挖掘。斐迪南·德·雷塞普斯——苏伊士运河的发起人，决定试着把太平洋和大西洋连接起来，但是他创建的公司管理不善令人愤慨，他的工程师在计算方面出了很多错误，他的工人很多都悲惨地死于疟疾和黄热病。在同自然的力量做了八年抗战以后，这家法国公司在巴黎交易所间接或灾难性的压力下破产倒闭了。

▲ 为纪念运河通航美国发行的邮票

在将近12年的时间里，什么事都没有发生。棕榈树从被雷塞普斯丢弃的火车头的烟囱里冒出头来。直到1902年，美国政府购买了破产的法国公司，由此华盛顿和哥伦比亚共和国开始就美国购买一块够它挖掘运河的土地要付多少钱开始讨价还价。直到后来，西奥多·罗斯福厌倦了无休止的拖延，他秘密安排在那里一个偏远的地方进行了一场小叛乱，在不到 24 个小时的时间内就承认了新的独立的巴拿马共和国。然后挖掘工作就开始了，这件事发生在 1903 年，1914 年挖掘工作就完成了。

这个改变把加勒比海从内陆海变成了欧洲和亚洲之间商业高速路的一部分，把加勒比海与大西洋分隔开的岛屿的价值陡增。巴哈马群岛（属于英国）和古巴离运河有点远，百慕大当然更远，它是位于纽约和佛罗里达中间的另一个英国殖民地。但是牙买加（属于英国）、海地和圣多明各（名义上是独立的，但是实际情况呢，问问华盛顿吧！）的地理位置较好，因此能够从运河上得到一点益处。波多黎各也是这样，小安德烈斯群岛亦是如此。小安德烈群岛是东部和南部的小岛，面对大安德烈群岛、古巴、海地、牙买加和波多黎各。

小安德烈群岛在 17 世纪的时候对欧洲各国比对美洲大陆具有更大的价值。因为这里气温很高也足够湿润可以种植甘蔗，奴隶在这里上岸以后就不能再消失于丛林之中了。现在他们依然生产糖、可可粉和咖啡，但是如果能作为船只从欧洲驶往巴拿马运河的中点站而多赚到几便士的话，他们中的大部分人都会深深感恩的。它们出现的次序依次是：首先是所谓的利华德群岛、其次是圣托马斯、圣克鲁斯、圣马丁、塞巴、圣约翰、圣尤斯塔丢斯（一个小岩石岛，在革命期间，是走私的主要供给港口）、瓜德罗普、多米尼加、马提尼克（像其他大多数岛屿一样火山活动较为频繁，但是在 1902 年差点被培雷山的火山爆发毁灭）、圣卢西亚、圣文森特以及巴巴多斯。

向风群岛由布兰基亚岛(属于委内瑞拉)、博尔内岛、库腊索岛和奥鲁巴岛(属于荷兰）组成。曾经有一条山系把委内瑞拉的圭亚那山脉和墨西哥的马德雷山脉连接起来，而向风群岛曾是这条山系外部延伸的一部分，这条山系现在被毁灭了，但是独有山脉的最高部分留存了下来。

从工业的角度来看，没有哪个小岛发展得很好。奴隶制度的废除破坏了所有这些小岛先前的富足状况，现在它们以冬季度假胜地、加煤站或石油集散中心而著名。只有奥里诺科河河口三角洲地区之外的特里尼达岛还保持着一部分昨日的繁荣，因为这里的火山赋予它大量的沥青矿藏，印度人来到这里取代了以前奴隶的工作，现在印度人口数占据了岛上总人口数的 1/3。

世界大战期间，我们在前所未有的短时间内就学到了更多的地理知识，年轻一代人从学习德语（无论如何，这种语言很快就会变成一种已故的语言了）转向学习西班牙语就是一件非常合乎常理的事了，因为这种语言在南美洲有着广阔的前景。这种前景在实际的战争进行期间还没有特别明显地显露出来，事实上，是因为同那个广阔大洲所进行的商业往来陷入了严重的萧条期。

随后，我们就发现了出现这种状况的原因。秘鲁、巴西、厄瓜多尔和这里的其他一些国家把外贸方面的专业细节都交给了耐心的德国职员处理，因为他们对这些方面比较熟悉。而这些雇主们对业务方面并不了解。南美洲加入同盟国以后（大部分国家都有德国船只停泊在他们的海港里，并且它们需要借款），这些可怜的条顿部族的职员被送往集中营，南美洲的商业机构与外国的联系就突然中断了。当和平到来以后，这些德国职员重新返回到他们的工作中，对外联系才恢复正常。

我们逐渐发现了这样的事实，虽然南美洲是个富有的自然资源的大洲，但是这里人口太过稀少，而且很多方面落后于世界其他国家。至少要再花费半个世纪的时间才能对人有点价值。当然了，一些富有的家庭除外，这些家庭要么在西班牙统治时期攫取了大量财富，要么因为有叔叔或外甥踏入过南美洲更替频繁的总统之列而变得富有起来。

如果在本书中我只花费了几页纸描述南美洲，请不要怀疑我有反拉丁情绪。恰恰相反，作为一个北美人的后代，我比南美人自己更能赏识到南美种族的很多美德。但是在本书开始的时候我就告诉过你，我想要写一本有关“人类”的地理学，要确信每一块土地，不论面积大小，其重要性都完全取决于当地居民在科学、商业、宗教或一种艺术上对人类幸福所作出的贡献的大小。从这个角度看来，南美洲到现在为止仍跟澳大利亚或蒙古一样贫瘠。我再重复一遍，这样的现状可能源于缺少人口，其次可能是因为南美洲的大部分地区都位于赤道上，在其他部分的美洲，白人从未能取代本地人的位置，或是不同肤色的混血儿（白人和黑人的后代，印第安人和白人的孩子，黑人和印第安人的后代）太多使得他们根本不能施展他们的政治或智力才能。

南美洲是一些奇怪的政治实验的地点。巴西帝国是个新事物，虽然它存在

◀ 玻利瓦尔

玻利瓦尔（1783 年 7 月 24 日 —1830 年 12 月 17 日），通称西蒙·玻利瓦尔，拉丁美洲被公认的英雄、革命家、军事家、政治家、思想家，一生致力于南美洲的独立运动，并亲自领导玻利维亚、哥伦比亚、厄瓜多尔、巴拿马、秘鲁和委内瑞拉取得独立。

了不到一个世纪。巴拉圭不同凡响的耶稣会自由邦（它比它东面的帝国持续的时间更长）总是在有关乌托邦的学术著作中被光荣地提到。南美洲至少出现过一个具有卓越能力的人，那就是玻利瓦尔。他不仅像我们的乔治·华盛顿一样使自己的国家获得解放，而且直接或间接地与整个大洲大部分革命活动的胜利结果有关系。我不止一刻怀疑过，在乌拉圭和玻利维亚的历史上肯定还有很多其他人也做出了很大贡献，但是大部分人都不知道他们。我很想知道，是否对他们有更深入地了解以后人们将会证明以他们的能力，很有必要把他们加入世界伟人的行列。如果我给你一本有关山峰、河流以及国家的简要目录，并且真诚地承诺我会把此后 1000 年内的人物细节填充进来，对这本书的目的来说，这些也就足够了。

南美洲的整个西部海岸是由落基山脉的延续部分和墨西哥马德雷山脉组成的。这些山脉被称为科迪勒拉·德·罗斯·安第斯山脉，简称为安第斯山脉。印第安人在本地小山的斜坡上到处修建了灌溉运河，而安第斯就是征服者来到这里后给这些灌溉运河取的西班牙名字。西班牙人毁坏了这些灌溉运河和大坝，使很多部族的人都饥饿而死了。西班牙征服者经历了长途危险的旅程跨越大洋

◀ 火地岛上的海豹

火地群岛，南美洲南端群岛，是拉丁美洲最大的岛屿。主岛火地岛又称大火地岛，隔麦哲伦海峡（最窄处仅 3.3 公里）同南美大陆相望。1520 年 10 月，航海家麦哲伦发现麦哲伦海峡时，曾在该岛停留，因发现当地土著人常燃起一堆堆篝火，故将该岛命名为火地岛。

来到这里只是为了攫取财富，并不是为了在新世界建立永久居住地，出于这种目的的话，毁坏本地人的灌溉运河饿死本地人然后拿走他们的财富跟直接抢夺他们的财富一样是个好办法。

靠近南极点的时候，安第斯山破裂成了很多小岛，在这些小岛中，最著名的是火地岛。智利和火地岛之间有一条海峡叫做麦哲伦海峡。麦哲伦在白人第一次环球旅行的过程中在这里遇到了很大困难，这条海峡就是以他的名字命名的。最南端的岛屿叫做合恩角，合恩角是以发现该岛那个人的家乡（合恩是荷兰的一个小镇）的名字命名的，而不是像许多人相信的那样是以一头母牛的名字命名。当然了，麦哲伦海峡具有很大的战略重要性，保卫这条海峡的福克兰群岛是英国的属地。

安第斯山脉与整个巨大的从北极延伸到南极圈的大山脉一样，遍布着很多火山。厄瓜多尔的钦博腊索火山（现在是死火山）高度为20702英尺，阿根廷的阿空加瓜山是这里的最高峰，海拔为22834英尺，19550英尺高的科托帕克希火山（同样在厄瓜多尔境内）拥有一项世界纪录，即它是地球上海拔最高的活火山。

南美洲的安第斯山与北美洲的姊妹山脉还有两方面很相像。即高大的山脉内部有许多宽广的高原，高原为玻利维亚或厄瓜多尔这样的国家形成了天然的屏障。此外，这里几乎没有便利的通道，以至于阿根廷和智利之间唯一一条跨越安第斯山的铁路在隧道修建之前必须爬上比瑞士山上圣伯纳山口或哥斯德山口还要高的高度。

至于东部的山脉——南美洲的阿巴拉契亚山脉，其北部由圭亚那山脉，东部由巴西高地构成。两部分中的每一部分都有许多自己的山脊，它们共同形成了一个更为巨大的山脉的残余部分，而这里正在逐渐被亚马逊河流域分割成两部分。亚马逊河不是世界上最长的河流却是世界上水量最大的河流，它确实有几百条支流，这些支流中至少有15条河流的长度与莱茵河的长度相等，还有许多其它的支流，比如说马德拉河和塔帕诺斯河等，其长度比莱茵河还要长很多。

圭亚那山脉北部是另外一个河谷，即奥里诺科河河谷。奥里诺科河通过神奇的内格罗河与亚马逊河相连接（只要想一下俄亥俄河既是密西西比河的一部分同时还是波多马克河的一部分就可以理解了），它比亚马逊河更适于航运。

因为它在汇流入海之前不需要穿越山脉，但是亚马逊河是必须穿过山脉才能入海的。它的河口将近20英里宽，同时河流本身水流量极大，内陆地区几百英里的流程中深度都是300英尺，这对于入海的船只来说是极为便利的。

南美洲中南北流向的巴拉那河在入海的过程中又汇集了巴拉圭和乌拉圭的河流，在蒙得维的亚变成了拉普拉塔河，蒙得维的亚是乌拉圭首都所在地。巴拉那河与奥里诺科河一样也是一条很好的内陆水路。

南美洲有一种除欧洲以外的其他大洲都没有的优势，那就是这里没有沙漠。除智利北部以外，这里的大部分地区都享有充足的水分。亚马逊河流域和巴西的整个东海岸常年浸泡在赤道雨水当中，这就使得亚马逊河流域的森林比刚果河流域更为繁密均匀。由于这里稳定的降雨，这块大洲的其他部分，尤其是离赤道较远的南部地区极为适合发展农业。阿根廷大草原、奥里诺科河大草原和巴西草原都是我们的大平原地区势均力敌的对手。

现在南美洲的国家中，很少有国家的发展源自我们所说的历史必然性。它们是成功的大革命带来的出乎意料的偶然的结果，而不是慢慢生长和发展起来的产物。拥有321.6万人口的委内瑞拉合众国离赤道太近，因而不能产生一种充满活力的种族。但是北部马拉开波环礁湖附近地区被发现蕴含石油以后，马拉开波就变成了委内瑞拉最重要的港口。这个地区长久以来一直被首都加拉加斯的港口拉瓜依拉所控制。加拉加斯位于一座低矮的山峰后面，这座山峰把它与大海分割开了，交通极为不便。

委内瑞拉西边是哥伦比亚，其首都是波哥大，它坐落在内陆深处，因此是最不容易到达的地方，直到它与马格达雷那河河口处的巴兰基利亚之间开通了航班以后，交通才变得便利起来。哥伦比亚是块富饶的地方，并且蕴藏着丰富的自然资源。此外，这里跟美国一样位于两个海洋之间，但是

◀厄瓜多尔，南美洲西北部的国家，1809年8月10日脱离西班牙的统治后独立建国，有“赤道国”和“香蕉之国”的美称。

这里需要大量来自北欧的移民才能开采其自然资源。

厄瓜多尔也是个贫穷的国家，虽然巴拿马运河开通以后首都基多的港口瓜亚基尔有很大的发展，但是除了这里过去大量出口奎宁，现在出口最多的是可可外，这个国家没有什么值得报道的了。

▲ 印加帝国的豹战士

沿太平洋海岸往南是秘鲁，当西班牙人第一次到达新世界时，这里是一个强大的印第安国家。贵族阶层，即印加人或者说太阳之子统治着这里。他们选举产生最高的统治者或者说国家的印加王，然后赋予他至高无上的权力，尽管如此，或者说因为他们的封建特性，他们还是发展了一种比阿兹台克人更高级也更人性化的文明。

当皮萨罗到达这里的时候，印加帝国已经有了400多年的历史了，这对任何一个特殊形式的政府来说都是一个很长的时间了。这里有很多政治团体，不同群体的贵族之间存在敌对行为。皮萨罗挑起了一派对另一派的战争，1531年，他征服了整个国家。然后他把当权的印加王投入大狱，把印第安人变成了奴隶。一切能被偷走或者掠夺走的东西都被拖走并送到了西班牙。古老印加帝国的废墟，道路和城堡的残余部分从的的喀喀湖（3300平方英里的水域，位于海平面以上12875英尺）周围一路延伸到安第斯山上。无尽的古老陶器的碎片和少量其他艺术品的残块告诉我们，当一个有能力有竞争力的民族突然变成一个懒散悲惨的民族时，他们失落了什么。现在这里的本地人漫无目的地在古老首都库斯科的街道上闲逛，或者是加入到了一些革命中去。

利马是一座现代化的首都，秘鲁的银矿、铜矿和石油的命运都由这里决定，除非是共和国的总统和他外国银行业的朋友很久以前就把这些宝藏移走并且存放到了银行的金库中，这样的事情是有可能的，这也解释了为什么这一章是如此简短。

玻利维亚是个可怜的内陆国家，然而它并不一直是个内陆国，首都拉巴斯曾经有通道可以直达大海。但是在1879–1882年著名的硝石之战中，秘鲁和智利为阿里卡地区而战，玻利维亚愚蠢地站在了智利的对立面。当智利最终赢得了这场战争的时候，玻利维亚失去了它的沿海地带。玻利维亚是个非常富有的国家。它是世界上第三大产锡国，但是人口过于稀疏，每平方英里土地上不到5人，总人口将近300万。其中多数印第安人是印加帝国被毁灭以后遗留下来的居民——要为那块不幸的大陆做点事情是要花费很长时间的。

最南部的两个国家是智利和阿根廷，它们是至今为止整块大陆上最重要的国家，地理位置是造成两个国家如此繁荣的直接原因。它们位于温带地区，因此境内的印第安人（热带地区使他们生育得更快）很少，它们也吸引来了一批更好的移民。

智利的自然资源比阿根廷更丰富，阿里卡（你可以从这里坐上去玻利维亚的火车）、安托法加斯塔、伊基克和瓦尔帕莱索是南美洲西海岸最重要的四个海港。首都圣地亚哥是整个地区最大的城市。智利南部地区正在开始饲养牛，牛在这里被宰杀然后冷冻起来，经由麦哲伦海峡上的彭塔阿雷纳斯运至欧洲。

▲ 阿根廷共和国通称阿根廷，是南美洲南部的一个联邦共和制国家。它是拉丁美洲面积第二大国，世界面积第八大国。首都为布宜诺斯艾利斯。

阿根廷是南美洲最大的养牛国。巴拉那河沿线平坦的地区面积相当于欧洲的1/3，这里是南美洲最富有的地方。这里的肉、羊毛、皮革及黄油的出口量是如此之大，以至于它们能以最令人不快的方式影响我们这些产品的价格。过去10年中，来自意大利的劳工和农民稳定的移民活动使阿根廷成为西半球最大的谷物和亚麻产出国。同时，羊的养殖使巴塔哥尼亚高原成为澳大利亚最危险的竞争对手之一。

阿根廷的首都是布宜诺斯艾利斯，同样位于拉普拉塔河畔，乌拉圭对面。乌拉圭的土壤和气候与阿根廷极其相似，而且这里已经没有印第安人口了。乌拉圭的经济发展规模较小，但是非常成功。阿根廷的经济发展规模很大，但是它们常常要冒过度投机和经济管理不善的风险。

最后是巴拉圭，它是拉普拉塔河畔的第三个国家。在许多方面都是着三个国家中条件最好的一个，如果不是1864—1870年那场灾难性的战争的话，现在会是非常繁荣兴盛的。那时可怜的印第安人在他们前任主人，即耶稣会会士（1769年，他的国家败给了西班牙）的军事化训练下已经开始代表一个疯狂的男人（这个人正好是他们的总统）走上了战争的道路，这个可怜的男人毫无必要地向他所有三个强大的邻居都宣战了，战争一直进行到整个国家5/6的男性公民都被杀死的地步。大屠杀进行到最后的时候，巴拉圭的情况非常糟糕，以至于不得不重新采用一夫多妻制来增加国家的人口。这个富裕的小国家要完全从这场灾难中恢复过来还需要一个世纪的时间。

这里还有一个国家需要讨论——巴西。作为一个殖民地，它在很大程度上被忽略了。先是被荷兰统治，然后是葡萄牙。葡萄牙禁止本地人和移民和除官方认可的里斯本商人以外的任何人做交易。葡萄牙把整个巴西控制在一种经济受束缚的状态。直到1807年，葡萄牙的皇室迫于拿破仑的压力逃往里约热内卢。风水轮流转，在将近12年的时间里，受歧视的殖民地反过来统治其母国。1821年，葡萄牙的国王前往里斯本的时候把自己的儿子佩德罗留在这里作为他的代表。一年以后，佩德罗正式宣布自己是独立的巴西国家的君主。从那时起，葡萄牙语成了连接殖民地与先前母国的唯一纽带。布拉甘扎家族曾经给了巴西一个全南美洲最好的政府，但是1889年，他不得不因为一场军事动乱而退位。美洲的

巴西联邦共和国是拉丁美洲最大的国家，人口数居世界第五，为南美洲国家联盟的成员国。由于历史上曾为葡萄牙的殖民地，巴西的官方语言为葡萄牙语。首都巴西利亚。

最后一位皇帝去了巴黎并且在那里与世长辞。

巴西的面积达328.5万平方英里，它覆盖了南美洲一半的土地，也是赤道以南所有国家中最富有的一个。它由三部分组成，首先是亚马逊低地或者说是亚马逊流域，其次是大西洋沿岸地带，最后是高地。世界上每日所需咖啡的一半都是高地上的城镇桑托斯提供的。除咖啡外，巴西还在亚马逊河口南面的帕拉或贝伦地区以及马瑙斯地区（内格罗河与亚马逊河交汇处）种植橡胶。东海岸的巴伊亚生产烟草和可可。马托 · 格洛斯高原上有很多牧场。最隐蔽的内地有钻石和其他珍贵的宝石，这些宝石是如此难以企及，以至于它们从未被完全开发过，铁矿石和其它金属也是如此。所有这些宝藏都在期盼更多铁路的修建。

最后是南美洲上三个小小的欧洲殖民地，也是17世纪和18世纪的古老殖民地中唯一的残余部分。它们是英属圭亚那或称德梅拉拉，荷属圭亚那或称苏里南，这里是荷兰以新尼德兰和新阿姆斯特丹为代价换来的，还有法属圭亚那或称卡宴。如果法国没有选择卡宴作为罪犯流放地，如果我们没有偶然听说从那块失落的、病态的沼泽地传出的令人不快的丑闻然后又把它放在了我们报纸头版的中心位置的话，我们可能会忘了圭亚那的存在了。这可能是因为它们对人类的繁荣和幸福几乎没有做出什么贡献的缘故，它是现存的提醒我们记起往昔日子的事物，它使我们想起曾经整个南美洲对于远涉重洋到来的人而言仅仅有这样一种意义——它是可以随意劫掠的富有仓库。

Van loon geography

房龙地理（下）

第四十七章

新世界

想要知道乞力马扎罗山到底有多高吗？一本书被写和改写了五六次之后，一组组数据就会发生一些奇怪的事。在一遍遍的抄写和重新抄写之后，周围布满了潦草的修改的字迹，这些数据就会自己跟自己玩起捉迷藏的游戏，一会儿是这种东西，一会儿就变成了另外一种东西。如果你患过雪盲症，你就会明白我的意思。

但是，你可能会回答说，“这确实不是什么大不了的问题啊，在一些可靠的地理手册或百科全书或地图册上查找到这个数据摘抄下来就可以了呀”。

如果这些神圣的地理手册、百科全书和地图册能够跟特定事实相符的话，问题就太简单了，但是，很显然，它们不能。我得到了大部分有关地理的规范书籍，它们就在我的桌子上，它们是永远不会改变的令人高兴的东西。它们不是供人消遣的读物，地理学不应该被认为是一种逗乐的学科。但是当它们跟山峰和海洋玩把戏的时候又确实是令人赞叹的。河谷和内陆海的排水区域不断地扩展，收缩，收缩，扩展。世界上任何给定地区的平均气温都不会平均太长时间，这使不同气象站水银柱的变化像恐慌时期股票市场里的证券价格报表一样沉浮不定。海底的上升下沉就像一个笨蛋兴奋地追赶了一只猫后不停喘息的肚皮。

这个世界已经在很多方面失去了人们对它的信任，我不想再进一步破坏对它的任何幻想了。我从与地理事实的斗争中产生出一种对所有更多重要数据深深的怀疑。我猜想这种不幸的意见上的分歧是不可救药的民族主义恶习的结果。每一个小国家肯定都有一些专属于自己的数据，以此来显示自己主权的独立。

但是这仅仅是个细节问题，还有很多其他的问题，在此我将会列举一些。世界上一半的国家根据十进位制测量重量和距离，其他国家坚持根据十二进制。要精确而不是大约地把米和千米换算成码和英里不是一件简单的事，世界大战期间的枪炮制造者极为痛苦地领略到了这一点。不管怎样，在一位有能力的数学家的帮助下（在那一类事情方面我不是一个天才），必要的计算还是可以做好的。但是，关于国家、山峰和河流的恰当的名字该怎么办呢？这些应该怎样拼写呢？The Gulf of Chili– Gulf of Tjili——Gulf of Tscbili——Gulf of Tshi–li——你自己选择吧，我的朋友！Hindu–Kush——Hindoekoesch——Hindu–Kutch——Hindu–Kusj——你更喜欢哪一个呢？如果不同的大语种至少在有关俄罗斯或者中国或者日本或者西班牙的名字的拼写方面达成一致的话，情况还不算太坏，但是在把这些奇怪的语言转化成本国语言的时候，每种主要语言都至少有两种有时候甚至是三种相互冲突的做法。

更加剧了语言混乱的是，每一小块拥有自己方言的土地也声称要为“祖先传下来的神圣的语言”要求充分平等的权利。世界大战之前的欧洲地图十分简单，但是现在已经发展到了用各种不同的颜色标示出了不同的语言区，这就使阅读库克先生古老可靠的“洲际铁路指南”，变成了一种可以与商博良研究，他最初的6个埃及象形文字的劳作相提并论的地步。

我不是在试图为自己开脱。我想写的已经写完了，如有浅薄之处，请对我宽容一些。受人尊崇的百科全书和统计学的手册尚会在三四页之间出现三四处自相矛盾之处，一个可怜的外行又能怎样呢？

我猜想到最后他也会做我所做的事。他会厌倦了所有的学术巨著，给自己买一本《世界年鉴》，然后说：“我将会按照这本书上所写的来，如果有人因

◀ 乞力马扎罗山

乞力马扎罗山是非洲的最高山，常被称为“非洲屋脊”、“非洲之王”。其最高峰为基博峰（也称乌呼鲁峰），海拔5,895米（19,341英尺）。

为我把乞力马扎罗山写成是19710英尺高（在《大英百科》中是19321英尺；在《安德鲁地理》中为19000英尺；在《牛津高级地图集》中是19320英尺；在《世界年鉴》中是19710英尺）而起诉我的话，我会让他去见世界电讯公司的出版商，让他去同他们解决这个矛盾。

当我以乞力马扎罗山Kilimanjaro——Kiliman'djaro——Kilimantscharo——Kilimansjaro这个题目开始时想说的就是这些。我在寻找我的《世界年鉴》，它被我粗心地放在了十几本地图集后面，在寻找的过程中我发现了一本不久前寄给我的小册子，这本小册子讲述的是罗纳德·罗斯先生的生平。作者以极礼貌的措辞暗示，罗纳德先生如果不是绝对需要的话，从来都是远离财富的，因此我们应该做些事情使他晚年至少能过上适度舒适的生活。当然了，他的需求并不过分，科学家很少用美元和美分计算他们的报酬，但是在长期潜心进行科学研究的同时，他的健康遭到了彻底的损坏，因此如果有一个更为舒适的轮椅的话，他就能更好地工作了。

我把小册子放在一边，想起了我们的沃尔特·里德。我忘了我们的国家为了表示感谢，为他的遗孀做了什么。如果我没有记错的话，这位善良的夫人获得了“免费邮寄”的权利（这是任何一个国会议员都享有的待遇），当然，她还收到了通常付给医学部门官员遗孀的养老金。为了表示纪念，一所医院被以沃尔特·里德的名字命名。

我在寻找一本有关流行病史的书籍时陷入了沉思。突然，我产生了这样的想法。里德和罗斯这两个人对地球发展所做的贡献比数百个探险家所做的贡献要大得多，但是这些探险家的名字连语法学校最低年级的孩子都熟悉，但是这两个人却似乎并不为人所知。他们告诉我们引发疟疾和黄热病的原因，还告诉我们怎样可以使这个世界摆脱瘟疫的折磨，他们以这样的方式给我们开辟了更多的新领域，这使我们在接下来的100年中可以发展得更好。数百万充当了杀手角色的蚊子不再能横行肆虐了，疟蚊被赶到了一个角落里在

▲津巴布韦大津巴布韦古城附近修纳人的巫医

那里静候自己的死刑宣判书。

想要在“医学对世界地理的影响”这一章再补充几页是很容易的事。在世界大部分地区适合人类永久居住以前，天花、脚气、嗜睡症和几十种其他疾病必须先被攻克。但是所有这些都有点超出了我的领域，可以这么说，我对那门学科几乎一无所知。然而，这两位医生的名字使我思考和感叹了这么多。

世界上有太多动荡不安。当你看地图的时候，你会发现到处都有一些小小的红色区域。严重的麻疹爆发了，人们为此做了很多努力，写了许多书诊断这一病例，并且提出了恰当的治疗方法。在写这本书之前有关这一问题我从未考虑太多（我是一个过着闭塞生活的作者），然而因为里德和罗斯的关系整个问题变得如此简单了。

对着地图遐想确实是一件令人愉快而且有益的消遣方式。罗得西亚（津巴布韦的旧称）——一个自成一体的国家。塞西·罗德斯是这个国家的创建人，他使少数人变得富裕起来，他也杀掉了很多本地人。后来他变成了一个强盗，自己发动了一场战争，但是这场战争以失败告终。然后他又变成了一个政治家，以这样的身份发动了一场大的战役，他在这场战役中获得了胜利。许多纪念惨遭杀戮的妇女和儿童的纪念碑上都刻着这个传奇人物的名字，“始作俑者：塞西·罗德斯”。然而一个受人挚爱的国家却忽视了这些事实，把一个广大的新省份以他的名字命名。

再往北一点是刚果，还有它的城市斯坦利维尔和利奥波德威尔，以及无以计数的无名坟墓，这些坟墓里的都是没有交上足额橡胶或者上交象牙有点晚而被折磨致死的本地人。

哈得孙以他的名字为一个海湾命名，然后一个富有的土地公司也以他的名字命名。那个土地公司对本地人所做的事在人类的殉难史上增加了一段可怕的章节。我们不需要到遥远的国外去看，我们自己与印第安人商议的协定我们从未遵守过哪怕其中一条。300年前我们的祖先征服了香料群岛，他们对那些遥远群岛上的棕色人种所做的事在荷兰的公立学校里是不会被公开讲述出来的，或许荷兰人也做过同样的事。人们对南美普托玛雅地区发生的事至今仍记忆犹新。

不同的非洲本地统治者和阿拉伯奴隶贩子在安静的塞内加尔森林里所犯下

的罪行，使我们都希望但丁在他的地狱中为这种恶人留下了一席之地。

曾有些人骑着马或者带着狗捕猎的人，他们组织起来去灭绝澳大利亚或者新西兰的土著人，而这些行为在有关这些地区早期时候的历史中很少被提及。

为什么还要继续呢？

我只是在重复每个人都知道的事实。

但是似乎很少有人意识到这样的事实，大开发的时代已经过去了，现在的动乱大部分是因为以前的受害者不愿意继续扮演受害者的角色了。

居高临下地宣判过去的错误是没有用的。征集我们的想法和计划才更为有

▲ 1907 年巴拿马运河开凿时的一个隧道施工现场

益，通过这种方式，我们可以减少许多未来可能会犯的错误。像里德和罗斯那样的男人们和妇女们指示我们要走这样的道路。

多愁善感地去冥想不切实际的乌托邦的荣耀会使我们一无所获。有人说既然我们已经花了十几个世纪的时间掠夺，现在我们必须再花费十几个世纪的时间给予，但是这种方式是不能解决问题的。慈善和劫掠同样糟糕。慈善对接受者和施予者来说是同样不公平的。把印度人从英国的暴政中解脱出来，然后把毫无防备的他们交由穆斯林山民处置就是又犯了另一个错误。

有一种行为对中国人、日本人或者缅甸人来说都不是一件好事，那就是我们突然使我们在他们国境内的火车、汽车和飞机停止工作，然后移除我们所有的电话亭和加油站使他们恢复到用甘地时期的腰布以及用小舢板的时代。但是机器已经走进人们生活中，本地人已经适应了快捷的运输和通讯方式。他们已经习惯了当孩子患白喉病的时候请白人医生来诊治，而不是让祖母去请来伏都教的牧师。当他们想去拜访朋友的时候他们更愿意花钱坐公共汽车，而不是花上十个小时走完一段艰难的路程。

▲19世纪末的波士顿

一个已经习惯了使用钞票作为货币的世界是不可能恢复到古代时候使用一桶蜂蜜、一汤匙盐或所有其他笨拙而琐碎物品作为货币的交易的体系中了。

不管是福是祸，我们的星球已经变成当前一个大的、运转当中的公司了。门口标示的日期是 1932 年，而不是公元 932 年或者公元前 32 年。

然而，解决方法是有一个的，里德和罗斯的努力已经给我们指引了我们应该遵循的道路的大致方向。因为这两个人既不是拿走也不是给予，他们是合作。如果没有数以千计的其他人的帮忙，他们是得不到现在这样的成就的。他们也不仅仅为黑种人或者白种人或者黄种人的专有利益而消除了疟疾和黄热病。他们把自己的成就带给了不同肤色和宗教的全人类。当哥瑟尔斯和戈加斯医生（美国随军外科医生，他消除了巴拿马运河区的黄热病，从而保证了劳工数量）开凿巴拿马运河（哥瑟尔斯绘制蓝图，戈加斯为他保证人力，使蓝图的实现成为了可能）的时候，他们并不是只为了太平洋或大西洋或美洲考虑，他们是从全世界的角度出发。当马可尼发明了无线电的时候，他没有规定，“只有意大利的船只在遇到海难的时候可以使用无线电设备”。桑给巴尔的不定期货轮与横渡大西洋的快速船受到了同样多的益处。

▲ 冬天的拉普兰

你可能明白我暗示的什么了。

不，我不是暗示要形成一个新社会，没有这个必要。问题会自己得到解决，如果没有解决的话，在最近几个世纪内也不会有任何问题了，因为，没有人能为这个问题担忧了。

现在我们所生活的这个世界已经不再是过去的老样子了。当蒸汽动力和电流产生的时候，当巴塔哥尼亚、拉普兰、波士顿和汉口彼此都成为了邻居，在不到两分钟的时间内就可以同彼此商议问题的时候，规则也应运而生。我们不再只为了自己生产货物，也不再只为了家乡的村庄种植谷物。日本生产的火柴比我们能做的要便宜得多。阿根廷生产的小麦能使整个德国只要花很小的代价就能免于挨饿。

我们不再能花相当于付给白人劳工 1/20 的价钱来雇佣一个中国苦力或者南非黑人了，因为莫斯科有一个覆盖范围很广的广播站，通晓多种语言的播音员们告诉黑种人和黄种人他们受到了欺骗，一些本来应该属于他们的东西被别人剥夺了。

我们不再能像我们的父辈所做的那样随心所欲地抢夺、偷窃和劫掠了，因为如果你确实想知道的话，即使我们生来没有道德上的“罗盘”，我们的良心也不允许我们这样做。因为人类共有的良知已经达到了这样的进步。所现出的诚实和正派在国际事务中是不可避免的，正如其在私人事务中同样不可避免一样。

不，我不是在就一篇讲道文章而说教，我不会用一点“福音”把你送回家。但是如果你已经读了这么多了，我希望你能安静地再坐半个小时，总结出你自己的结论来。

到现在为止似乎我们的生活只是一种偶然，好像我们生活在这个星球上仅仅是几年或者最多是几个世纪的事。我们的表现就像列车上的乘客一样，他们知道在下一处停靠站之前，他们只有 10 分钟时间来吃有三道菜的晚饭。

我们逐渐开始意识到我们不仅已经在这里生活了这么长时间，而且我们近乎还要无限期地在这里居住下去，为什么要匆忙和仓促呢？当你搬到一个你打算在这里度过余生的小镇上时，你会为未来打算，你的邻居也是，屠夫、面包师、食品杂货商、医生和殡仪业人员也是如此。如果不是这样的话，整片地方就会

陷入令人绝望的 混乱当中，在不到一周的时间内这儿就会变成不适合居住的地方了。

当你想到这些的时候，你认为世界和你本地的小村庄真的有很大区别吗？即使有点区别的话，也只是量的区别而不是质的区别。这就是全部了。

你可能会说我已经四处游历过，从乞力马扎罗山到里德和罗斯医生，再到对未来的计划。

但是，正如爱丽丝可能会问的那样，“不旅行，学地理有什么用”？

1931 年 4 月 巴黎

1932 年 5 月 新奥尔良

Van loon geography

房龙地理（下）

后 记

如何阅读这本书？让我告诉你

应该结合地图集来阅读这本书。市面上有很多优秀的地图集，几乎任何一本都大有助益。因为地图集就像字典一样，即使是不怎么好，也比没有要好得多。

你很快就会发现，这本书中包含了大量地图，但这并不表示它们可以作为正规地图来使用。我画这些地图仅仅是为了让你明白，有很多方法可以接近我们正在讨论的课题，我还希望（如果我必须说实话的话）你能根据自己对地理的理解，亲手画出自己感兴趣的地图，无论你的理解是错的还是对的。

你会发现，无论设计多么精妙的平面地图都会有不同程度的误差。想要完全正确的地图，除非粘在地球上绘制。即使是地球仪也不是完全正确的，因为实际上它应该是椭圆形的，而我们为了便利把它设计成了圆球形。当然了，地球在接近两极的地区是稍微有些扁平的，要用一个巨大的球体才能把这点不同显示出来，因此我们不必为了一点小小的不规则而担心。

给自己买一个地球仪（我花10美分从商店里买了一个地球仪，并在其帮助下写完了这本书，这个地球仪实际上是一个卷笔刀），把它与你学到的地理知识相结合，但是请记住，这只是接近事实而不是既成事实，只有你拿到优秀海员资格证的时候，既成事实才会走进你的生活。如果那样的话，你就不得不花费好几年时间学习一门非常复杂的学科。这本书不是为专业人士写的，而是为那些想要大致了解一下我们生活的这个星球的普通读者写的。

我要告诉你一个道理，学习地理最好、最便捷的方法就是参考图片，重新估量一切事物。不要模仿我的或者任何其他人的。如果你愿意的话可以把我的图片作为参考，但是仅能把它们当作一种开胃菜，当作你开始一顿大餐之前的礼貌性的建议。

我试着根据自己的地理认识，给你罗列了大量示例，我试着为你画了很多二维地图和三维地图。适应这些三维地图可能要花费你一些时间，但你一旦理解了三维地图就不会再喜欢二维地图了。这些地图是我从山顶或其他角度观察得来的，这样有利于你清楚地认识一个地方的地形地貌。还有一些地图是在飞机或飞艇上拍摄的，你从这样的地图上能看出海洋是否会干涸。此外，还有一些地图被绘制成了几何图形，这完全是出于漂亮和装饰性的目的。你可以自由选择，根据自己的理解画出属于自己的地图。

画图，给自己买一个地球仪，大小都可以、一本地图集、一枝铅笔、一沓纸，然后画出自己的地图。

只有一种方法可以称之为学习地理，而且用这种方法学会的地理你将永生难忘，那就是——画图。